Olaf Nollmeyer

Die eigene Stimme entfalten

Olaf Nollmeyer

Die eigene Stimme entfalten

Übungen mit Summen, Sprechen,
Singen für mehr Ausdruck
und Wohlbefinden

Kösel

ISBN 3-466-34390-9
© 1998 by Kösel-Verlag GmbH & Co., München
Printed in Germany. Alle Rechte vorbehalten
Druck und Bindung: Kösel Kempten
Umschlag: Kaselow Design, München
Umschlagmotiv: VCL/BAVARIA

1 2 3 4 5 · 02 01 00 99 98

Gedruckt auf umweltfreundlich hergestelltem Werkdruckpapier
(säurefrei und chlorfrei gebleicht)

Inhalt

Kapitel 3

Singen am Nordseestrand oder im häuslichen Bad

Alles Wichtige über Resonanz

Kapitel 4

Ssssuppe: Wie außen, so innen

Interessantes über Klangstruktur

Kapitel 7

Sie können nicht singen? – Dann tun Sie's! 117

Mut zur Veränderung

Einleitung

Dieses Buch möchte Ihnen Wege zur Verbesserung Ihrer Stimmfunktion zeigen, Sie ein Stück auf diesem Weg begleiten und dabei helfen, Veränderungen erfahrbar zu machen. Ziel ist es letztlich, mühelos das tun zu können, was Sie gerne tun möchten, sei's im Sprechen oder im Singen. Die Lektüre bietet dafür ganz unterschiedliche Herangehensweisen – und will vor allem eines sein: **ein praktisches Buch!**
Wenn Sie ungeduldig sind und voller Tatendrang, dann hüpfen Sie gleich weiter. Dieses einführende Kapitel löst sich ja nicht plötzlich in farbigen Nebel auf, wenn Sie es zunächst ungelesen lassen ...

 Überflieger, Kapitelhüpfer und Querbeetleser sind ebenso wie »ordentliche Typen« herzlich eingeladen, sich ihren Gelüsten oder Gewohnheiten entsprechend durch diese Seiten zu bewegen!

Früher oder später aber lohnt sich die Lektüre dieses Kapitels schon, um Zeit und Energie zu sparen, weil Sie sich rascher orientieren und zwischen den einzelnen Kapiteln hin- und herbewegen können – ohne die Übersicht zu verlieren. So finden Sie an dieser Stelle kurze **Ausflüge zu drei Themen**, die dem gesamten Buch zugrunde liegen, und die in Variationen an allen Ecken und Enden erneut aufblitzen:

- Lernen
- Lernen aus Büchern
- **Dieses** Lernbuch **und Sie!**

Lernen (Der Weitwinkel-Blick)

Die Augen bewegen, den Kopf drehen, nach etwas greifen, schlucken, sitzen, sehen und und und ... muss erlernt werden. Stimmen zu erkennen, sich klein machen vor anderen, vor sich selbst, vor Gott ... muss erlernt werden. Nicht gut kochen können, muss erlernt werden ebenso wie Haltungsschäden oder Spitzenleistungen im Sport. Sich über andere zu ärgern oder zu freuen – all das und noch mehr ist lern- und lehrbar. Und bei Bedarf auch ver-lernbar ...!

Der geheime Lehrplan? Die meisten dieser Dinge haben die meisten von uns die meiste Zeit über unbewusst gelernt – ohne zu wissen oder zu entscheiden, **was** sie da lernen noch **wie** sie es lernen (Strafe, Ehrgeiz, Spiel ...).

Sie halten nun dieses Buch in Händen: Es scheint, als wollten Sie mal wieder selbst entscheiden, was Sie lernen wollen – und wie. Viel Vergnügen!

Gibt es Leben in diesem Buch?
Oder: Lernen aus Büchern

Es ist gar nicht selbstverständlich, tatsächlich etwas aus Büchern lernen zu können; oder zumindest etwas mehr als die Erkenntnis: Aus Büchern zu lernen ist umständlich, langweilig und ungenau und eigentlich auch gar nicht möglich!

Ohne dem läuft nichts Ich selbst lerne gut und gerne aus Büchern, wenn mindestens eines der folgenden Kriterien erfüllt ist:

- Es nimmt mich für voll.
- Es beschäftigt sich mit der **Veränderbarkeit** von den Dingen – und nicht mit der Festsetzung ewiger Wahrheiten und goldener Schubladen.
- Es sollte den Mut haben, **Fragen unbeantwortet** zu lassen (weil ... siehe erster Satz).
- Es bezieht **alle Sinne** mit ein: Sehen, Fühlen, Hören. (Den Geruch liefert Ihre Buchhandlung.)

... und Sie!

Die Erfahrung zeigt, dass manche Menschen sich insbesondere durch die Arbeit mit Vorstellungsbildern leichter verändern und ihre Stimmfunktion verbessern können. Andere wiederum haben einen guten Zugang zum Fühlen und Bewegen. Und wieder andere über das Hören.

Individueller Ansatz

Sie haben Glück! Denn Stimme wird in diesem Buch so verstanden, als dass sie mit allen anderen Sinnen und Aspekten der Wirklichkeit verwoben ist.

Am besten also lesen Sie das Inhaltsverzeichnis auf den vorangegangenen Seiten wie **die Speisekarte** Ihres Lieblingsrestaurants: Tauchen Sie ein, wohin auch immer Ihre Nase Sie zieht! Denn die Arbeit kann dort beginnen, wo Sie gerade sind.

Die Speisekarte!

Das Buch im Schnelldurchlauf

Kapitel 1 bis 5

Kapitel 1 bis 5 befassen sich mit **unterschiedlichen Arbeitsfeldern** zum Thema Stimme (siehe Inhaltsverzeichnis). In allen Kapiteln wird mit Bewegung und Fühlen, mit Bildern (vorgestellten oder »wirklichen«) und natürlich mit dem Hörsinn gearbeitet.

Kapitel 6

Kapitel 6 enthält einige der **Lernprinzipien**, die allem menschlichen Lernen zugrunde liegen und die hier Anwendung finden, ebenso wie in Meditationssystemen, Körpertherapien, NLP (Neurolinguistisches Programmieren), und **die jeder**, der diese Zeilen schreibt, liest oder in der Nähe mit seinem Nachbarn zankt, **schon sein Leben lang nutzt** – 99,5 Prozent der Zeit allerdings eher zufällig ...!

Sie können deshalb die Übungen für sich selbst maßgerecht zuschneidern oder schon bestehende noch effektiver oder kurzweiliger gestalten.

Kapitel 7

In **Kapitel 7** finden Sie neben **Reflexionen** zu den Themen des Buches auch einen Abschnitt über einige typische Stimmprobleme mit Hinweisen auf spezielle Übungen, die Abhilfe schaffen können.

Vom Lesen ... zum Tun ... zum Verstehen

Häppchenweise vorgehen

Lesen Sie nur so weit, als Sie sich problemlos im Geiste präsent halten können, und setzen Sie Schritt für Schritt in die Tat um. Die meisten von uns haben so zu lesen gelernt: Sie sprechen sich das Gelesene innerlich vor oder hören es sich innerlich sagen. (Stimmt das auch für Sie? Hören Sie einmal darauf ...)

Wählen Sie also einen geeigneten Stimmklang und ein geeignetes Tempo. Zum Spaß lesen Sie ruhig noch einmal Teile dieses Abschnitts in hartem Befehlston oder nörgelnd oder ungeduldig hastend ... Vermutlich wird Sie das kaum dazu bewegen, wirklich etwas vom Gelesenen aufzunehmen oder umsetzen zu wollen. Der **Klang** der Stimme ist entscheidend für die **Bedeutung**, die den Worten gegeben wird (»Ich liebe dich« mit Roboterstimme ...). Sie können auch so tun, als läse Ihnen jemand, dem Sie gerne zuhören und dessen Worten Sie Glauben schenken, diese Zeilen vor ...

Wie man in den Wald hineinruft, so ...

Im vorliegenden Buch werden Sie des öfteren einen Vorschlag bekommen wie: »Summen Sie« oder »Machen Sie einen Klang« oder Ähnliches. Damit ist meistens gemeint, (irgend)einen Ton zu geben – also **keine absichtlichen Melodiebögen** zu kreieren. Siehe dazu auch Kapitel 6, Seite 115!

Die **Stichworte** am rechten Rand fassen die Abschnitte der Übungen zusammen. So können Sie sich nach dem ersten Durchlaufen schneller orientieren. Manchmal betrachten sie aber auch den Haupttext von einer anderen Seite oder weisen auf interessante Aspekte des Themas in anderen Kapiteln hin.

Dies ist ein Stichwort am rechten Rand! (Allerdings gibt es gerade nichts Besonderes zu vermelden ... also, bis bald!)

Viele der Übungen lassen sich, wenn Sie sie einmal kennen, beim Warten an der Kasse im Supermarkt tun und besonders gut beim Autofahren, Spazierengehen oder auf der Toilette ... Die Zeit, die Sie dafür aufwenden oder die Anzahl von Übungswiederholungen sind übrigens nicht relevant für **die Qualität** dessen, was dabei herauskommt – viele Handlungen tun wir schon ein Leben lang und ungezählte Male (zum Beispiel sitzen, gehen, sprechen) und haben doch nichts hinzugelernt. Schauen Sie sich doch mal Kapitel 6 an!

Automaten lernen nicht

Mehr dazu in
Kapitel 7, Seite
125!

Nicht selten kann eine Anweisung unterschiedlich verstanden werden. Das ist unvermeidlich, weil Worte für jeden etwas anderes bedeuten, und zugleich ist das **das Interessante**: Denn es geht nicht um Richtig oder Falsch, sondern darum, wie **Sie** es aufnehmen!

Die Übungen werfen Fragen auf und auch **offene Fragen** – egal, ob sie verbal formuliert sind oder als Bilder, Klänge oder Gefühle durchs Nervensystem geistern – denn sie sind der Motor für Weiterentfaltung.

*Nein, wie rei-
zend! Also wirk-
lich, ganz stilvoll!*

Stil und Ausführlichkeit bei den Beschreibungen der Übungen variieren! Im »wirklichen Leben« reden wir ja auch nicht den ganzen Tag entweder nur wie ein Nachrichtensprecher oder wie ein Freund aus der Westkurve ...

Partnerübungen

Nur wenige Übungen sind direkt als Partnerübung notiert – das soll aber nichts heißen! Wenn Sie wollen, lassen sich **fast alle Übungen** zusammen **mit jemand anderem** machen. Der Partner kann zum Beispiel die Rolle des Lesenden übernehmen. Oder des Fragenden. Er kann mit den Händen Bewegungen begleiten. Mit offenem Ohr auf Veränderungen lauschen, sie aus seiner Sicht beschreiben und so weiter. Fragen Sie sich einfach: Wie könnte mir jemand bei dieser Aufgabe helfen?

Trotz des kaleidoskop-artigen Aufbaus bleibt ein Buch ein Buch. Die Worte wollen Sie in Bewegung bringen, in Schwingung versetzen, neue Horizonte erhellen. Und so wie das Unterrichten, aus dem die Anregungen in diesem Buch stammen, ein Austausch zwischen Menschen ist, so leben auch diese Worte nur, wenn jemand sie einlässt, sie betrachtet, ihnen auf den Grund geht, wenn sie in jemandem Widerhall finden, um etwas aufzuwirbeln, zu ordnen oder ans Licht zu bringen.

Freuen Sie sich, wenn etwas nicht gelingen will oder unklar bleibt, denn das bedeutet immer: Da steckt noch einiges für Sie drin!
Und wenn das alles nichts nützt, dann teilen Sie mir einfach etwas von Ihren Erfahrungen mit: Denn der Austausch zwischen Lesenden und Schreibenden ist für beide wertvoll und wird das Buch noch praktikabler machen können! (Adresse: siehe Seite 137)

Ein Buch ist ein Buch ist ein Buch

Abschließend sei noch auf **die interaktive CD** »Das singende Ohr« hingewiesen: Wie Fische im Wasser, so leben Stimme und Hören im Klang. Mehr dazu in Kapitel 7, Seite 136.
Für die nun folgende Lektüre, die Sie auf dem Weg zur Entfaltung Ihrer Stimme begleitet, wünsche ich Ihnen viel Vergnügen!

Kapitel 1

Sagen Sie mal »Pieps«, ohne den Körper zu benutzen ...

Bewegung, Körper, Klang

Falls Sie wirklich »Pieps« gesagt haben, konnten Sie feststellen: Körper und Klang scheinen irgendwie zusammenzugehören! Vielleicht waren Sie aber auch schlau und haben nur innerlich gepiepst ... und auch das ist körperlich!

Zum einen wird im Körper **etwas zum Schwingen** gebracht, zum zweiten ist der Körper auch **eine bewegliche Architektur**, die diese Schwingung verstärkt, färbt und formt.

Den Kloß im Hals kann man nicht nur fühlen, sondern auch hören. Einer gepresst-fröhlichen Stimme hören wir die Anspannung an, mit der etwas anderes im Körper zurückgedrängt wird.

Wird im Theater jemand unruhig und beginnt, sich zu räuspern, antwortet ihm sogleich ein zweiter und dann noch einer – und bald kann man sein eigenes Räuspern nicht mehr verstehen. Alle sind von derselben Unruhe ergriffen! Das Gleiche gilt fürs Schlucken. Oder fürs Lachen ...

In diesem Kapitel geht's um folgende Themen:
**Sitzen – Hängen – Aufstehen.
Kiefer – Ohr-Formanten.
Kehlkopf.
Kehlkopf und Zunge und Hals.
Paradoxe Atemmuster.**

Der Stimmklang ist also **nicht nur Ausdruck** der Bewegungs-qualität, die ihn erzeugt – **er überträgt** sie auch auf andere (Körper). Und natürlich auch im »Positiven«: Sie können ein Kind nicht in den Schlaf schreien, sondern lösen mit weicher Stimme die Aktivität des Tages aus seinen Muskeln, die Wärme Ihrer Stimme macht das Dunkel zu einem sicheren Ort – und ein ebenmäßiger Rhythmus, mit gefüllten Pausen, beruhigt das Atemmuster. So überquert das Kind Ihre Brücke aus Klang und findet sich auf der anderen Seite wieder.

Die eigene Wahrnehmungsfähigkeit ist **der Schlüssel zu jegli-cher Veränderung** (Sie können einem Hindernis nur dann ausweichen, wenn Sie es auch sehen ...).

Spielen Sie! Die Absicht dieses Kapitels ist es, verschiedene Spielmöglich-keiten anzubieten, um die Zusammenhänge von Körper und Klang **Ihrer Wahrnehmung** zugänglich zu machen.

Wie in den anderen Kapiteln auch, werden Sie bemerken, dass Veränderung und »Besserung« wirklich in jedem Moment pas-sieren. Anders gesehen: Wenn Sie etwas in Ihrem Tun verändern, haben Sie das, was dabei herauskommt, schon verändert!

Sitzen – Hängen – Aufstehen

Dieser Übungsabschnitt ist bei weitem der längste im ganzen Buch. Es dauert vielleicht eine dreiviertel Stunde, ihn das erste Mal zu durchlaufen. (Die nächsten Male wird es deutlich schneller gehen.) Dafür können Sie aber auch sehen, wie sich ganz unterschiedliche Lernprinzipien (siehe auch Kapitel 6) fließend miteinander verknüpfen lassen. Viel Vergnügen!

Setzen Sie sich auf einen Stuhl, so dass die Füße ganz auf dem Boden stehen können, der Rücken ist teilweise leicht angelehnt.

Welcher Teil des Rückens ist im Kontakt mit der Lehne?
Verändert sich der Kontakt mit der Lehne, indem Sie atmen?
Nehmen Sie sich Zeit für diese Frage, mehrere Atemzyklen
lang, bis Sie klar bemerken können, ob und wie Ihre Atem-
bewegung den Kontakt des Rückens mit der Lehne verändert.
Lassen Sie dann Ihre Aufmerksamkeit schweifen ...

Kommen Sie wieder zurück und summen Sie im Ausatmen.   **Bequemer Ton**
Wählen Sie dafür einen Ton aus Ihrem bequemen Bereich,
also nicht extrem hoch oder tief, sondern einen, den Sie ohne
Mühe machen können – als Mann einen relativ hohen (aber
noch bequem erreichbaren) und als Frau einen eher tiefen
(aber noch leicht erreichbaren) Ton. Achten Sie dabei auf die
Atembewegung im Rücken ..., und vielleicht bemerken Sie
einen Zusammenhang zwischen dem Atem im Rücken und
dem Klang.
Nach einigen solcher Klangbewegungen beenden Sie das
Summen und bleiben einen Moment lang einfach nur Ihrer
selbst gewahr, des Raumes, in dem Sie sich befinden und Ihrer
Füße auf dem Boden.

Tun Sie dann Folgendes: **Leise summen,**
Summen Sie sehr leise, und zwar so, dass Sie das Summen   **langsam und**
gerade noch spüren, und bewegen Sie sich dabei, so dass   **sanft von der**
der Kontakt des Rückens mit der Lehne weniger stark wird   **Lehne lösen**
(aber die Berührung weiterhin bleibt), verringern Sie den
Druck, und lassen Sie den Rücken dann zur Lehne zurückkehren. Bewegen Sie sich so, dass Sie fünf- bis sechsmal
ausatmend gesummt haben, bevor Sie wieder ganz zur Lehne
zurückgekehrt sind.
Wenn Ihnen dieser Zyklus klar ist, durchlaufen Sie ihn fünf-
bis sechsmal.

In welcher Phase der Bewegung wird der Klang von selbst voller?

Wenden Sie mit jedem Mal weniger Kraft auf, um den Klang dazukommen zu lassen. Es kann Ihnen auch passieren, dass statt eines Summens manchmal nur Luft kommt. Das ist in Ordnung.

■ **Pause** ■

Hals, Schultern und Füße weich Für diese Bewegung gibt es mehrere Möglichkeiten. Wählen Sie nun die folgende: Lassen Sie den unteren Teil des Rückens sich zuerst von der Lehne lösen. Achten Sie darauf, dass Sie Ihre Oberschenkel und Ihren Hals dabei weich lassen können und dass der Kontakt zum Boden möglichst gleich bleibt.

Bahn des Kopfes Nehmen Sie wahr, wie die Bewegung des Rückens den Kopf nach vorn und nach oben hebt.

Vielleicht bemerken Sie auch, wie jedesmal, wenn Sie sich zu bewegen beginnen, auch Bewegung in den Klang kommt.

Machen Sie sich so vertraut mit der Bewegung, dass Sie Ihnen schließlich geläufig ist ... und Sie den sich ausbreitenden Klang in Ihrem Körper verfolgen können.

■ **Pause** ■

Leinen los! Oder: Los von der Lehne Vergrößern Sie dann den Umfang der Bewegung mit jedem Male, bis Sie die Lehne schließlich ganz verlassen, der Oberkörper sich immer weiter nach vorn über die Oberschenkel neigt. So, als wollten Sie sich mit dem Kinn schließlich an der Kniescheibe kratzen.

Kehren Sie danach wieder zurück ...

Je feiner Sie sich mit jedem Male bewegen, desto müheloser klingt es in Ihnen, und Sie können immer noch leiser werden.

Feiner bewegen und leiser werden können

 ### *Achtung!!*

Leise meint nicht dünn, schmal ... Leise **und zugleich voluminös** heißt: raum-ausfüllend, sich ausbreitend. Das muss nicht laut sein. Auch ein leiser Klang kann erfüllen.

■ **Pause** ■

Für den nächsten Teil ist zunächst wichtig zu wissen, wie Sie aus der neuen Ausgangslage wieder zurück in die Ruheposition finden:
Bewegen Sie sanft und langsam den Rücken nach hinten zur Stuhllehne, den Kopf zum Schluss.

Hier also der nächste Teil:
Legen Sie den Oberkörper auf den Oberschenkeln ab, die Knie sind so weit auseinander, dass der Kopf dazwischen hängen kann.

Oberkörper ablegen, Kopf immer mehr hängen lassen

Lassen Sie die Schultern los.
Benutzen Sie diese Lage, um im Laufe der Zeit den Rücken mehr und mehr entspannen zu können. Beobachten Sie dafür einfach, wo Sie in dieser Lage den Atem wahrnehmen können – im Unterschied zu vorhin, als Sie noch saßen (diese Frage allein könnte Übung für ein ganzes Jahr sein...!).
Stellen Sie sich nun vor, jemand legte die Hand auf Ihren Rücken.

Imaginäre Hand

Zunächst liegt sie auf dem Kreuzbein, wo die Wirbelsäule aus dem Becken erwächst.
Die Hand gibt Ihnen ausreichend Zeit, von innen Ihre Wärme fühlen zu können.

Langsam wandert sie dann entlang der Mittelachse aufwärts in Richtung Kopf.
Der Kopf hängt an der Wirbelsäule und wird vom Heben und Senken des Atems passiv mitbewegt.

Wenn Sie ein wenig darüber herausgefunden haben, wie in dieser Lage der Atem Ihren Körper bewegt, dann machen Sie eine kurze Pause.

Der Veränderungen gewahr werden
Im Sitzen werden Sie der veränderten Aufrichtung gewahr sein können. Vielleicht fühlen Sie sich größer, der Kopf thront anders auf dem Hals ...

Hängen und Summen
Kommen Sie erneut in die Ausgangslage und summen Sie dazu. Sehr leise.
Heben Sie den Kopf, um mit dem Summen zu beginnen? Ziehen Sie ihn ganz leicht in den Nacken?

Klangsäule
Lassen Sie den Kopf auch weiterhin hängen.
Das Gewicht arbeitet für Sie und längt allmählich alle Wirbel bis ins Becken und den gesamten Rumpf. Lassen Sie die kleine Anspannung in den Füßen los.
Beobachten Sie, wie der Klang sich über die Wirbelsäule in Rücken und Becken ausbreitet und über die Rippen zu den Füßen.

Kieferbewegung
Während Sie weiterhin summen, schieben Sie die untere Zahnreihe ein wenig nach vorn und lassen sie wieder zurückkehren, danach in Richtung Ohren und wieder zurück in die ursprüngliche Position.
Vergrößern Sie mit jedem Mal die Bewegung ein wenig mehr, so dass die Schneidezähne unten sich vor die obere Zahnreihe schieben – nur so weit, wie es bequem möglich ist

Bewegen und hören ...
Machen Sie zwanzig solcher langsamen Bewegungen, und hören Sie zu.

■ Pause ■

Lassen Sie den Kopf weiterhin hängen. Nur so. Schweifen Sie ab. Wie hängt der Kopf jetzt?

... der Veränderungen ...

Wie hat sich die Atembewegung verändert?

Öffnen Sie dann die Augen. Sie schauen zwischen Ihren Beinen hindurch nach hinten. Summen. Wandern Sie mit dem Blick am Boden entlang, Zentimeter für Zentimeter nach vorn zwischen Ihre Füße und wieder zurück.

Welcher Teil der Wirbelsäule ist durch diese Bewegung weicher geworden?

Gehen Sie noch einmal in die Bewegung der Augen und beobachten Sie, wie sich nicht nur der Kopf automatisch mitbewegt, sondern auch der Hals und, indem Sie noch weiter in dieser Richtung wandern, auch die Brustwirbelsäule. Sie können nun ein ganzes Stück weit nach vorn schauen.

Augen wandern ...

Sie kehren wieder zurück, lassen Augen, Hals, Kopf, Brust los und beenden das Summen.

Machen Sie einige solcher leichten Bewegungen hin und her. Was passiert dabei mit dem Unterkiefer?

Wenn Sie das nächste Mal nach vorne schauen, dann verharren Sie im höchsten Punkt der Bewegung, und prüfen Sie dort Ihren Unterkiefer: Es kostet schon einige Muskelkraft, die Lippen geschlossen zu halten. Sie können das noch deutlicher fühlen, wenn Sie den Mund sich öffnen lassen und dann den Aufwand beobachten, den Sie zum Schließen benötigen! So strengen die meisten Menschen den ganzen Tag lang ihre Kiefermuskulatur an, indem sie so tun, als müssten Sie ständig zähe Steaks durchbeißen ...

... Kiefer öffnet sich

Kehren Sie wieder ins Hängen zurück.

Lassen Sie bei den folgenden Bewegungen der Augen, des Kopfes und Halses und des ganzen Rückens den Kiefer hängen: dann wird er sich öffnen in dem Maße, in dem Sie den Blick und damit den Kopf heben.

Hören Sie auf die Veränderung im Klang, die damit einhergeht. Was ist beim Öffnen des Mundes zu hören, was bei geschlossenen Lippen fehlt?

Keine Wiederholungen, bitte!

Machen Sie zehn bis zwanzig solcher Bewegungen, wobei nicht die Anzahl der Wiederholungen wichtig ist, sondern das Tempo: Eine langsame Bewegung erleichtert es Ihnen, Widerstände aufzulösen.

■ **Pause** ■

Augen wandern ...

Beginnen Sie erneut mit dem Summen, so leise wie möglich und mit dem Risiko, dass manchmal nur Luft kommt. Lassen Sie die Augen auf dem Boden entlang nach vorne und nach oben wandern. Beobachten Sie, wie der gesamte Oberkörper die Bewegung der Augen ermöglicht, so dass Sie schließlich die Decke sehen können und sich dabei aufgerichtet haben. Verfolgen Sie diese Entwicklung einige Male, und hören Sie auf den Klang in den verschiedenen Phasen der Bewegung. Wo wird er voller, bewegter?

... ganzer Körper folgt!

■ **Pause** ■

Vom Sitzen ins Stehen:

Sitzen unterscheidet sich vom Stehen darin, dass Sie im Stehen nur über die Füße mit dem Boden Kontakt haben. Und (wie ist es) im Sitzen?

Lassen Sie wieder den Oberkörper sich neigen, und dann mit den Armen auf den Oberschenkeln ablegen. Den Kopf hängen lassen wie zuvor. Nehmen Sie nun wahr, wie viel Ihres Gewichts über das Gesäß und wie viel über die Füße abgeleitet wird.

Mehr über das Gesäß?

Wie dem auch sei, Stehen bedeutet, das *ganze* Gewicht über die Füße gebracht zu haben und dort auszubalancieren. Um diese Gewichtsverlagerung wird es jetzt gehen:

Schieben Sie also langsam das Becken in Richtung nach vorn zu den Füßen – und kommen Sie noch einmal zurück.

Becken verschieben ...

Können Sie den Kopf während der ganzen Bewegung einfach hängen lassen?

Summen Sie beim nächsten Mal dabei.

Ein Dutzend solcher Bewegungen reichen aus. Sie werden mit jedem Male flüssiger und leichter. Der Klang hilft Ihnen dabei.

... und flüssig summen

Im nächsten Schritt: Beginnen Sie leise und werden Sie in der Bewegung lauter.

Machen Sie zehn solcher Klangbewegungen.

Leise anfangen und lauter werden ...

■ Pause ■

Schieben Sie das Gesäß auf der Sitzfläche nach vorn, bis es ganz über die Füße gekommen ist. Heben Sie es also erst dann! Die Knie strecken sich dabei, die Füße stemmen sich von allein gegen den Boden. Der Oberkörper richtet sich auf, während die Füße Druck auf den Boden geben.

Bewegen Sie sich so, dass Sie in einem Mal ausatmen und summend ganz ins Stehen kommen!

Mit einer Bewegung ins Stehen!

Nach einer kurzen Pause kehren Sie wieder ins Hängen zurück.

Summen Sie dort einige Male:

Wie leise können Sie jetzt sein?

Wohin breitet sich der Klang jetzt aus?

Indem Sie sich das nächste Mal aufrichten, erinnern Sie sich an das Öffnen des Mundes in dem Maße, in dem Ihr Blick sich hebt und werden Sie lauter mit dem Klang, so weit es bequem möglich ist.

In den »Wiederholungen« folgen und vertrauen Sie dem Klang mit jedem Male mehr. So, als zöge Sie der Klang ins Stehen ...

■ **Pause** ■

Zum Abschluss:

Schnelldurchlauf im Heimkino

Jeder von uns kennt Zeitrafferaufnahmen: Dort erlebt man zum Beispiel das Erblühen einer Rose, das in Wirklichkeit Tage dauert, innerhalb weniger Sekunden!

Zsssssssssssssssuppppppp!

Nach all den langsamen Bewegungen, die Ihnen viele neue Zusammenhänge und Details erkennbar gemacht haben, wird Ihnen das Folgende wie im Zeitraffer vorkommen!

Sitzen Sie noch einmal angelehnt und entspannen Sie.
Erinnern Sie sich an die gesamte erste Bewegung vom angelehnten Sitzen nach vorne und auf die Oberschenkel, Kopf hängt.

Im Kopf: Vom angelehnten Sitzen ins Hängen ...

In Ihrer Vorstellung schauen Sie sich nun die Bahn des Kopfes an ... wie auf einer Kreisbahn ...
Wohin schauen Sie zu Beginn der Bewegung und wohin an ihrem Endpunkt?
Nehmen Sie immer mehr Details in Ihre Vorstellung von der Bewegung auf: Wie fühlt sie sich an? Was bewegt sich?

Machen Sie es sich in der Vorstellung leichter!

Stellen Sie sich die Bewegung so angenehm und reibungslos vor, wie Sie möchten, es sind Ihnen dabei keine Grenzen gesetzt ...

Die Vorstellung verändern!

In Ihrer Vorstellung können Sie auch die Geschwindigkeit beliebig regeln: mal sehr sehr langsam oder auch schwindelerregend schnell.

Stellen Sie sich nun den Klang dazu vor ...

Wenn Sie sich so mit Ihrem Heimkino ein wenig vergnügt haben, dann kommen Sie noch einmal tatsächlich in die Bewegung, und nehmen Sie wahr, wie fließend sie jetzt vonstatten geht!

So viel Veränderung in so kurzer Zeit!

Vielleicht lässt Sie das erahnen, welche schnellen und effektiven Entwicklungsmöglichkeiten Ihnen Ihr Gehirn sonst noch bietet ...

Kommen Sie nun noch einmal ins angelehnte Sitzen. Stellen Sie sich die Bewegung bis zum Ablegen des Oberkörpers vor, und gehen Sie dann weiter in das Verschieben des Beckens über die Füße, das Strecken der Knie und das Stemmen der Füße und Aufrichten des ganzen Oberkörpers, der Kiefer öffnet sich, indem der Blick schließlich den Horizont findet.

Vom Sitzen ins Hängen ...

dann ins Schieben ...

und
... ins Stehen!

Machen Sie daraus *eine* Bewegung, einen Fluss ...

Spielen Sie mit dem Tempo ...

Werden Sie **in der Vorstellung** zugleich mit der Bewegung größer, so, als verlängerte sich der Hals zum Hals einer Giraffe, während Sie den Oberkörper nach vorn bringen ... So, als

In den ganzen Körper ...

streiften Sie mit den Haaren an Zimmerdecke und Wänden entlang ... So, als durchstießen Sie im Aufstehen mit dem Kopf die Wolken ...

Nehmen Sie dann den Klang dazu ... und hören Sie, was mit ihm während dieses abenteuerlichen Wachstumsprozesses passiert ist!

Abwechselnd: Vorgestelltes und wirkliches Tun

Kommen Sie schließlich noch ein- bis zweimal in die tatsächliche Bewegung und in den Klang, nehmen Sie wahr und genießen Sie ...
Die beiden gehören wirklich zusammen: Wahrnehmen und Genießen!

Kiefer – Ohr – Formanten

Näheres zu den (Sing-)Formanten siehe Kapitel 4, Seite 82ff.

Sitzen, stehen oder liegen Sie: Drehen Sie den Kopf nach links und nach rechts, und machen Sie dabei einen Klang.

Nehmen Sie die Bewegungsqualität und die Qualität des Klangs wahr ...

■ **Pause** ■

Legen Sie einen Daumen unters Kinn, so dass die Daumenspitze zum Kehlkopf zeigt. Am Daumen fühlen Sie den weichen Mundboden. Schauen Sie, was passiert, wenn Sie die Zunge anspannen und wieder loslassen ...

Spannen Sie an und lassen Sie wieder los, jedes Mal mit geringerem Kraftaufwand, und verfolgen Sie dabei, wo sich die Anspannung im Körper fortsetzt: Wie der Hals dadurch fester wird und der Nacken, wie die Atmung auf die Anspannung reagiert, der Bauch, die Knie. Dafür sind Verspannungen sehr hilfreich: Sie machen die Verbundenheit jedes kleinsten Teils mit dem Ganzen spürbar.
Wie verändert sich dadurch die Qualität der Kopfdrehung?

Die Spannungskette von

der Zunge ...

Wenn Sie so mit jedem Male die Anspannung mit weniger Aufwand betreiben, werden Sie schließlich weiter herumdrehen können – und zwar mit weniger Aufwand als vorher!
Summen Sie dann dabei, während Sie beinahe überhaupt nicht mehr wirklich anspannen und die Kette durch den Körper verfolgen ...
Summen Sie weiter, oder sprechen oder singen Sie, und hören Sie auf die Klangqualität *jetzt* und darauf, wie all die Körperbereiche, die Sie zuvor gespürt haben, daran beteiligt sind.

... in den ganzen Körper

... nutzen

lernen!

Nehmen Sie die Kinnspitze zwischen Daumen und der zum Daumen weisenden Seite des Zeigefingers.
Spüren Sie die Verbindung von Hand über Kinn zum Schädel und zu den Ohren. Beobachten Sie, wie sich der Atem dadurch verändert.
Verfolgen Sie **die subtilen Veränderungen** in Ihrem Gewahrsein, in der Beweglichkeit Ihres Kopfes und des Flusses Ihrer Gefühle durch den Körper ... Lassen Sie das Kinn und damit auch die Schläfen, den ganzen Schädel und die Wirbelsäule sich von hier aus entspannen – so, als entwiche alle überflüssige Spannung aus allen Gelenken – wie ein Fließen von Licht oder Wärme oder Klang, das aus dem Boden entspringt, sich durch

Das Kiefergelenk befreien

den ganzen Körper begibt und schließlich durch das Kinn hindurch hinaus ...

Ohne es wirklich zu tun, stellen Sie sich jetzt einfach nur vor, Sie zögen das Kinn wenige Millimeter nach vorne und unten, so dass das Kiefergelenk am Schädel vor den Ohren etwas mehr Luft bekäme.

Schauen Sie jetzt noch einmal nach rechts und nach links, wenden Sie den Kopf und bemerken Sie **die Unterschiede** in der Bewegungsqualität, in dem Gefühl in Gesicht und Hals: Mit dieser Leichtigkeit öffnen Sie nun tatsächlich den Kiefer ein wenig und schließen ihn wieder so weit, wie er zuvor geschlossen war. Lassen Sie Daumen und Zeigefinger sich mitbewegen. Singen Sie dabei leise einen Klang ...

Lassen Sie dann den Kiefer passiv von der Hand bewegen, sich öffnen und schließen. Verdeutlichen Sie sich die Unterschiede zwischen der aktiven und der passiven Kieferbewegung. Das kann zu Anfang etwas unklar sein: Bewegt die Hand den Kiefer, oder bewegt er sich von allein? Das kriegen Sie schon noch heraus ... Singen Sie dabei einen Klang.

Und nun Folgendes:
Lassen Sie Hand und Kiefer, wo sie sind, und bewegen Sie diesmal aktiv den Kopf, so dass sich der Mund öffnet.
Singen Sie ...
Ertasten Sie nun mit den Fingern beider Hände das Kiefergelenk links und rechts. Um es zu finden, wandern Sie mit den Fingerkuppen einfach die Wangenknochen entlang in Richtung Ohr. Direkt dort ist das Kiefergelenk. Wenn Sie den Mund öffnen und schließen, können Sie die Bewegung dort spüren.

Spüren Sie die Finger am linken und rechten Kiefergelenk, und verbinden Sie in Ihrer Vorstellung diese beiden Punkte mit einer Linie (einem Lichtstrahl), der hinter den Augen entlang durch den Schädel verläuft.

Die Fantasie nutzen, um eine Realität zu erspüren ...

Stellen Sie sich den Mittelpunkt dieses Strahls vor.
Um diesen Punkt herum bewegen Sie nun den Kopf, so dass der Mund, wenn Sie den Kiefer einfach hängen lassen, sich dadurch öffnet und schließt. Klingen Sie dabei.
Achten Sie auf die hellen Resonanzen im Bereich des Kiefergelenks und der seitlichen Schädelknochen in dieser Gegend ...

Heller Klang – oder was hören Sie dort?

Wenn Sie Ihre Finger nun einen Zentimeter nach hinten verschieben, dann finden Sie dort ein den Gehörgang schützendes, etwas knorpeliges Pölsterchen. Sie können es leicht am Gehörgang andrücken, so dass Sie den Klang jetzt mehr von innen hören.

Von innen ins Ohr ...

Nehmen Sie die neuen Resonanzräume im Schädel und entlang der Wirbelsäule wahr ...
Beginnen Sie leise, und werden Sie im Verlaufe eines Klanges etwas lauter ...

... und durch das ganze Skelettsystem.

Lösen Sie dann die Finger von den Ohren, während Sie weiterhin singen ...
Drehen Sie jetzt den Kopf nach links und nach rechts, und werden Sie der veränderten Qualität sowohl dieser Bewegung als auch Ihrer gesamten Wahrnehmung gewahr ... der Räumlichkeit des Klanges.

Klang und Raum

Laufen Sie mal mit freiem Kiefer durch Ihren Tag (dafür können die Lippen leicht aufeinander liegen); der »offene Mund« birgt in sich Unvoreingenommenheit – ein Zustand, der schon einmal Basis Ihres Lebens war ...

Kehlkopf

Die Hand dient nur dazu, Ihrer *Aufmerksamkeit* *einen Halt* *zu geben und sich zu erinnern, dass dieser Bereich unbewegt bleiben kann*

Legen Sie die Finger einer Hand an den Kehlkopf.
Singen Sie ohne Konsonanten. Beobachten Sie, was Sie dabei an den Fingern spüren können.

Was passiert beim Wechseln vom Vokal?

Bei Veränderung der Lautstärke?

Beim Tonhöhenwechsel?

Kühne *Behauptung!*

Es ist möglich, Tonhöhe, Lautstärke und Vokal zu verändern, ohne dass der Kehlkopf sich dabei (auf und ab) bewegt:

- Der Vokal »entsteht« erst oberhalb der Stimmlippen.
- Um Tonhöhe und Lautstärke zu verändern, reicht es, etwas **im** Kehlkopf zu verändern.

Spielen Sie mit dieser Information.

Achten Sie auf die Veränderung, auch wenn Sie die Bewegung des Kehlkopfes (noch) nicht ganz sein lassen können.

Eine kleine Hilfe:
Berühren Sie den Kehlkopf erneut.
Achten Sie auf die hindurchströmende Luft während mehrerer Atemzüge.

Vorgestellte *Melodien reisen* *in wirklicher Luft*

Stellen Sie sich dann im Einatmen kurze Melodiebögen (also Tonhöhenveränderungen) vor. Nehmen Sie wahr, wie der Kehlkopf ruhig bleibt und die vorgestellten Klangbewegungen mit der Luft nach innen strömen ...

Singen Sie dann die vorgestellten Tonhöhenwechsel, und achten Sie auf die Qualität, die sie nun haben ...

Kehlkopf und Zunge und Hals

Summen oder Singen.
Einige Male und dann Pause.
Erinnern Sie sich: Wie war der Klang jetzt?

> Beschreiben Sie Qualitäten, **wie** etwas ist. Die Sinne tauschen sich dabei bunt aus:
> Ein Klang ist **voll** oder **dünn** (kinästhetischer Sinn) – »Das kam so **spitz** aus dir heraus!« **Strahlend** oder **dunkel** (visuell) – »Sie lachte **schallend**«. Ein **dumpfer** Typ (auditiv), er klang echt **sauer** (Geschmack/Geruch) ...
> Siehe auch Kapitel 6, Seite 113!

Innen drin?
Den ganzen Körper durchfließend oder nur in einem Bereich?
Voluminös oder dünn?
Klar oder bedeckt?
Bewegt oder starr?
Blass oder strahlend?
Dehnte er sich aus oder blieb er eng?

Sie können die Liste beliebig erweitern. Vielleicht singen oder summen Sie noch ein paar Mal, weil Sie jetzt mehr Anhaltspunkte haben, um Ihre Aufmerksamkeit darauf zu lenken.

■ **Pause** ■

Tun Sie nun Folgendes:

Singen oder summen, und

Singen Sie und bewegen Sie langsam den Kopf aus seiner momentanen Lage heraus mehr ins Hängen und wieder zurück, danach mehr nach oben und nach hinten.

langsam

Beobachten Sie, wie der Klang darauf reagiert.

zum Brustbein schauen …

Bewegen Sie ihn langsam genug, also **im Verlaufe mehrerer Klänge** in jede Richtung.

… und zur Decke nach oben hinten

In der Bewegung in Richtung zur Decke werden Sie nicht umhin können, den Kiefer sich öffnen zu lassen – wenn nicht, geht es nicht weiter, und es wird sich die Vorderseite Ihres Halses melden. Wechseln Sie besser die Richtung …

Denn indem Sie ins Hängen nach vorne kommen, müssen Sie im Nacken und in der Wirbelsäule nachgeben – in dem Bereich, der Hals und Oberkörper miteinander verbindet. Vielleicht

Der ganze Körper muss dem Kopf das Hängen erlauben

fühlen Sie auch Spannung in den Rippen hinten, also im Rücken. Geben Sie nach. Lassen Sie den Oberkörper in sich beweglich sein, so dass Sie den Kopf wirklich nach vorn und nach unten hängen lassen können.

Der Klang reagiert präzise!

Achten Sie darauf, wie sensibel und präzise **der Klang** auf jede Veränderung in Nacken und Rippen **reagiert** …

… und wechseln Sie dann wieder die Richtung.

Wenn Sie gut organisiert sind, wird es Ihnen keine Schwierigkeiten bereiten, den Kopf ganz in den Nacken fallen zu lassen und wieder aufzurichten, während Sie singen. Wenn nicht, dann gehen Sie erst gar nicht so weit, sondern spüren Sie, wo Sie anspannen, um es zu verhindern, statt es sich schwer zu machen.

Bemerken Sie das Verhindern des Loslassens …

Indem Sie dieses Widerstandes gewahr werden, arbeiten Sie bereits daran, ihn aufzulösen. Im Klang ist diese Spannung von Zunge und Kehle auch hörbar.

Vielleicht versteht Ihr Hals das Loslassen, wenn Sie daran denken, den Klang sich öffnen zu lassen ... und bewegen Sie ihn dann wieder in die andere Richtung.

Änderung von der Klang-vorstellung her einleiten

Und irgendwann

■ Pause ■

Das Gemeine an dieser Übung ist, dass sie schonungslos die inneren Widersprüche aufdeckt. Doch nun kommt das Schöne: Zugleich hören Sie, welches Potential Sie sich noch erschließen – mit jedem Bisschen, das Sie im Hals loslassen können, wird die Bewegung einfacher und kommt etwas im Klang hinzu! Wenn Sie abenteuerlustig sind, dann probieren Sie das Hängen nach vorn und/oder nach hinten mit verschiedenen **Tonhöhen**, verschiedenen **Vokalen**, und Tonhöhen- *und* Vokalwechseln aus.

Das Schöne und das Biest

Varianten!

Paradoxe Atemmuster

Sitzen, liegen oder stehen Sie.
Legen Sie den rechten Unterarm quer über den Magen, so dass Sie mit dieser Hand die Rippen seitlich und unten erfühlen können. Die linke Hand legen Sie auf den unteren Bauch. Wie lange dauert es, bis Sie unter beiden Händen die Bewegung des Atems fühlen können? Verändert sich der Rhythmus, wenn Sie auf den Atem aufmerksam werden?

Abschied vom Dogma

 **Pause** ■

Hände auf Bauch und Rippen und dazu Klang

Summen Sie dann im Ausatmen dazu. Richtig gelesen: im Ausatmen! Oder ist das gar nicht erwähnenswert? Na, das sehen wir später noch ... Jetzt hören vielleicht auch Ihre Hände etwas ... Gut möglich, dass das eine leicht einlullende Wirkung auf Sie hat, denn der Organismus liebt das! Machen Sie es sich für einige Zeit gemütlich ...

◼ **Pause** ◼

Schotten dicht!

Atembewegung, ohne Luft auszu- tauschen

Nun aber Folgendes:
Lassen Sie den Mund geschlossen. Halten Sie mit einer Hand die Nase zu, nachdem Sie eingeatmet haben. Jetzt den unteren Bauch gegen die andere Hand nach außen drücken (so als atmeten Sie ein, falls Ihr Bauch sich in dieser Richtung bewegt, wenn Sie ganz unabsichtlich einatmen). Und wieder loslassen. Die Nase loslassen und **Pause für die Dauer einiger Atemzüge** nehmen. Beim nächsten Mal mehrmals den Bauch nach vorne drücken – aber auch nach außen zu den Seiten und nach hinten.

◼ **Pause** ◼

Ungewohntes und Aggression

Nehmen Sie bei den nächsten vier, fünf Malen die Aggressivität aus der Bewegung heraus. Ungewohnte Bewegungen verlaufen oft stockend oder ruckartig: Versuchen Sie, sie gleitender, weicher werden zu lassen ...

◼ **Pause** ◼

Jetzt die Rippen, den Brustkorb ...

Nehmen Sie nun die andere Hand an die Nase, halten Sie die Luft an, und schließen Sie wiederum zur Kontrolle die Nase mit der Hand. Die andere liegt wie zuvor auf den Rippen.

Lassen Sie jetzt den Brustkorb, die Rippen die Einatembewegung machen, **ohne wirklich einzuatmen**.

Ihre Rippen laufen von dort, wo Sie sie momentan unter der Hand fühlen, nach vorn und nach oben und dort zusammen. Sie laufen nach hinten herum und an die einzelnen Wirbel heran. All das dehnt sich aus – aber was können Sie davon jetzt am klarsten **spüren**? Welche Bereiche können Sie sich zumindest **vorstellen**?

◼ Pause ◼

Vervollständigen Sie bei den nächsten dieser Bewegungen Ihr Bild und Ihre Fähigkeit, die Räumlichkeit der Rippen zu spüren. Wenn Ihnen diese beiden Bewegungen klarer geworden sind, dann versuchen Sie dies:

... und jetzt alle!

Summen oder singen Sie einen Ton, und kombinieren Sie beide Bewegungen dazu – also abwechselnd das Ausdehnen des Bauchs und des ganzen Bereiches unterhalb des Brustkorbs, und dann wieder das Ausdehnen der Rippen in alle Richtungen.

Kombinieren Sie

> Sollten Sie **keine Veränderung** im Klang bemerken, dann tun Sie eine, wenn nötig mehrere, der folgenden Dinge:
>
> 1. Lassen Sie den Ton so leise wie möglich sein.
>
> 2. Wählen Sie eine bequeme Tonhöhe im oberen oder unteren Bereich Ihres bequem erreichbaren Spektrums.
>
> 3. Erhöhen Sie die Geschwindigkeit der Bewegung (bis auf hohes Scheibenwischer-Tempo).
>
> 4. Wählen Sie, zumindest für kurze Zeit, eine Tonhöhe, die Sie nur schwer erreichen oder halten können.

Achtung! Achten Sie darauf, wie die Bewegung in den Klang eingreift. Vielleicht scheint es Ihnen zunächst auch unmöglich, beides zugleich zu tun. (In Seminaren lautet der meistgehörte Satz: »Das geht aber gar nicht!«, gefolgt von: »Ach, so geht das!«)

Denken Sie auch hier wieder daran: Beim Lernen geht es nicht darum, etwas, das Sie schon können, bis in alle Ewigkeit zu wiederholen – dafür gibt es Maschinen. Sondern es geht darum, dass in irgendeinem Moment etwas möglich ist, dass einige Augenblicke zuvor selbst im Traum noch unmöglich erschienen wäre!

Klang und Bewegung ergänzen sich in zwei Richtungen recht gut: Zum einen können Sie im Klang hören, wo es in der Bewegung noch Widerstände gibt. Mein Aikido-Lehrer riet beispielsweise, beim Üben der Rollen und des Fallens zu summen, denn so hörte man sofort, an welcher Stelle die Arbeit weiterging.

Klangqualität = Bewegungsqualität oder Bewegungsqualität = Klangqualität?

Sie können also Ihre Bewegungsqualität verbessern, indem Sie einen ungehinderten Klangfluss als Maßstab nehmen.

Zum anderen bringt Bewegung Ihr gewohntes Klangerzeugungsmuster ins Schwitzen oder sogar aus den Fugen, so dass **neue Klanganteile**, die Sie bisher ausgeschlossen hatten, zu

Neue Klanganteile

ihrem Recht kommen und Sie bereichern können. Veränderung, Erweiterung, Transformation bedeutet ja genau das: Ich mache nicht so weiter wie bisher.

Fünf Erweiterungen:

Den Fokus verschieben

❶ Ihre Hände fokussieren die Aufmerksamkeit. Sie können den Fokus auch verschieben, einen benachbarten Bereich des Brustkorbs oder des Magen-Bauch-Bereichs in den Mittelpunkt stellen. In einigen Bereichen wird es Ihnen leichter fallen, die Bewegung zu spüren, sie absichtlich und dabei immer leichter zu tun.

Die seitliche Ausdehnung

❷ Um die seitliche Ausdehnung der Rippen stärker zu spüren, können Sie sich auf die Seite legen. Eine Hand liegt möglicherweise zwischen Boden und Rippen, so dass die Finger in den Rippenzwischenräumen Platz finden.

❸ Versuchen Sie all das auch auf dem Bauch liegend.

❹ Bisher haben Sie während der Übung nach dem Einatmen die Luft angehalten. Es geht natürlich auch umgekehrt: Atmen Sie aus und nicht wieder ein, und bewegen Sie dann Unterleib und Brustkorb wechselseitig.

Andere Haltestelle

❺ Bislang haben wir uns mehr mit der sich ausdehnenden Bewegung beschäftigt: Tun Sie das Ganze nun auch mit der Richtung nach innen (wie beim Ausatmen).

Nach innen

■ **Pause** ■

Lassen Sie nun Bewegung und Klang wieder zusammenkommen.

■ **Pause** ■

Machen Sie ein paar Klänge einfach so. Reden, Murmeln, Singen ... Und achten Sie auf die Veränderungen im Stimmvolumen. In der Räumlichkeit des Klanges. Was hat sich **außerdem** verändert?

Nun bitte: Es hat sich was getan

Variante:
(Jetzt wird's wirklich lustig!)
Singen Sie im Einatmen. Nehmen Sie dann die verschiedenen, oben geschilderten paradoxen Atembewegungen hinzu. (Auch, wenn es mitunter verwirrend wird, die Dinge verkehrt herum zu tun – nehmen Sie allmählich mehr und mehr die Aggressivität aus den Bewegungen. Machen Sie sie leichter. Machen Sie es sich selbst leichter. Es lohnt sich!)
Achten Sie jetzt auf die Veränderung in Ihrer »normalen« Sprech- und Singstimme!

Zirkusreife erlangen!

Haben Sie eine normale Stimme?

Als nächstes ist es Ihnen dann natürlich möglich, ununterbrochen zu singen oder zu sprechen – da Sie es ja sowohl im Ein- als auch im Ausatmen tun können!

Klingen ohne Ende

Wir sind keine Maschinen. Das klingt oft, als wollten wir sagen: Unsere Möglichkeiten sind begrenzt. Im Gegenteil: Weil wir die Dinge nicht nur von einer Seite aus sehen, nicht nur auf eine Art tun können, nicht immer auf eine einmal programmierte Art reagieren müssen – darin steckt unser schöpferisches Potential!

Abschied vom Dogma:

Es gibt nicht nur eine Art, Dinge zu tun (zum Beispiel Atmen) oder zu sehen (**so** muss es gemacht werden!)

Kapitel 2

Welchen inneren Film sehen Sie am liebsten?

Das mentale Heimkino

In unserem Kopf können wir vergangene Erlebnisse noch einmal durchspielen – weil's so schön war! Oder weil wir damals etwas nicht verstanden haben und der erneute Blick – aus der Distanz – neue Sichtweisen auf dieselbe Sache erlaubt. So können wir aus der Vergangenheit lernen.

Auf dieselbe Weise entwerfen wir auch die Zukunft, die ja nie außerhalb unseres Heimkinos anzutreffen ist.

Und **je nachdem, wie** wir diese inneren Filme gestalten, kommen wir dann beispielsweise zu dem Ergebnis, ein lausiges Leben geführt zu haben (dazu muss man die passenden Gelegenheiten schön aufblasen) und einer grauen Zukunft entgegenzutaumeln (Keine leuchtenden Farben verwenden! Möglichst farb*lose* Bilder! Keinesfalls mit angenehmen Klängen untermalen! Nicht genussvoll atmen! Keine unterstützenden inneren Dialoge verwenden! Auf angenehmes Sprechtempo verzichten!)

Wir alle kennen jedoch wunderschöne Momente, da die Begeisterung in unserer Stimme andere angesteckt hat oder

In diesem Kapitel geht's um folgende Themen:
Wipfel- äh, Gipfelerlebnisse. Klangvision. Sprechen, Spielen oder Singen in einer schwierigen Situation. Klang und Emotion. Innere Bilder und Klang.

uns selbst. Momente, in denen die Stimme einfach herausspru-
delt – oder was es auch sein mag, das Sie selbst gerne mögen.
Und dieses Potential können wir uns sehr einfach zugänglich
machen.

*Wer ist das:
Darsteller,
Regisseur und
Zuschauer
in einem?*

Absicht dieses Kapitels ist, Ihnen das Gespür dafür zu vermitteln,
dass **Sie selbst entscheiden** können, was Sie wie in Ihrem Kopf
gestalten. Dass die Filme im Kopf (samt innerer Stimme,
Geräuschen und Gefühlen) die Vorlagen für »wirkliches« Handeln sind und dass Veränderung also **genau dort anfangen**
kann. Dass Sie schon viele gute Erfahrungen mit sich selbst
gemacht haben, und dass Sie diese statt der schlechten anzapfen
können, um zu erfahren, was Ihnen **gut** tut, anstatt in dem zu
baden, was nicht funktioniert hat.

Das, was nicht funktioniert, ist sehr wichtig, aber nur in einer
Hinsicht: nämlich uns zu zeigen, wie wir es anders und besser
machen können.

Wipfel- äh, Gipfelerlebnisse

*Wählen Sie
einen für Sie
selbst angeneh-
men Stimm-
klang, wenn Sie
diese Übung lesen*

Im Folgenden geht es um eine anregende, schöne Qualität.
Um einen Moment, da Sie gar nicht über Ihre Stimme nach-
dachten, als die Stimme ein ganz spontaner Ausdruck dessen
war, was war. Es werden also Situationen angesprochen, als
Sie stimmig waren mit Ihrer Stimme, um herauszubekommen,
wie sich das für Sie anfühlt, was das Besondere dabei ist.

Das ist eine angenehme Erfahrung und eine sehr lehrreiche
zugleich. Komischerweise übersehen wir oft die Möglichkeiten,
die sich uns ganz einfach bieten und die wir schon in uns
selbst erlebt und zum Ausdruck gebracht haben. Das kann

sich ändern! Und diese Qualität und dieses Zusammenspiel von allem, was Sie sind, begleitet Sie auf diese Weise auch in die Zukunft, weil es etwas ist, das Sie schon lange und eigentlich ganz gut in sich kennen.

Machen Sie es sich einen Augenblick bequem und fühlen Sie Ihren nächsten Atemzug ..., und freuen Sie sich auf eine kleine innere Reise zu einer Erfahrung, die sehr anregend ist für Ihr Ohr ...

Machen Sie es sich bequem ...

Nehmen Sie den Kontakt zum Boden oder zur Sitzfläche wahr ... und die Geräusche, die gerade jetzt zu hören sind. Sie können später auch **die Augen schließen** und sich erinnern, an welchem Ort Sie damals waren.

... was ist gerade jetzt zu hören ...

Lassen Sie sich Zeit ...

... wo?

Was haben Sie dort gesehen ... möglicherweise bemerken Sie auch weiterhin **die Bewegung des Atems** in der Brust ... und vielleicht können Sie jetzt auch sehen, wie das Licht dort war ...

Sie atmen doch ...

... was ... sehen Sie ...?!

... und schauen Sie zu, wie die Bewegungen sind ... wie die Körperhaltung ist ... und der Ausdruck in den Augen ... und auf diese Weise **atmen Sie dieses Bild** und genießen das Gefühl von Weite, das sich immer weiter ausbreiten kann mit Ihrem Atem und dem Bild ... Möglicherweise können Sie sich **jetzt hören ... den Klang der Stimme**, während Sie vielleicht etwas tun oder mit jemand anderem reden oder singen und spüren, dass dieser Klang etwas **in Ihnen** zum **Klingen** bringt ...

Atmen Sie das Bild und ...

... hören Sie hin ...

Dieses leichte Träumen und Genießen ist wirklich eine gute Grundlage für Ihr Lernen. So, wie Sie als Kind all das lernten, was Ihnen heute selbstverständlich erscheint ... mit der Hand

Träumen und Genießen ...

Wahrnehmungs-fluss

etwas greifen ... die Stimme und Gesichter der Menschen Ihrer damaligen Umwelt erkennen ... da badeten Sie **im Fluss der Wahrnehmungen** und lernten, sie **zu formen**, selbst Laute zu machen, Worte zu bilden, die die anderen verstehen konnten ...

Hineinschlüpfen

Und wenn Sie in die Haut eines bestimmten Menschen schlüpfen würden ... jetzt! – wie fühlt sich das an? Wie ist es, durch die Augen dieses Menschen die Welt zu sehen, zu hören?

... vielleicht können Sie sich jetzt besser in diesen Menschen hineinfühlen, in seine Haltung zum Leben ..., die sich spiegelt in der Stimme, in dem Tempo, mit dem Sie sprechen ... und ...

Innerlich selbst sprechen oder singen

... **sprechen Sie dann innerlich zu sich selbst mit dieser Stimme** ... lassen Sie die Stimme Ihren Namen sagen, heißen Sie sich willkommen ... und beobachten Sie, wie es sich anfühlt, wenn Sie so mit sich selber reden ... sich einen Rat geben ... und es wird Ihnen allmählich klar, dass diese Art zu sein und mit sich umzugehen, schon immer bei Ihnen war und Sie weiterhin begleitet, wartend, dass Sie sich Ihr zuwenden ...

Im Ausatmen – Sie *atmen* doch ...?! – ... einen Klang machen ...

Beginnen Sie dann im ausatmen, leise vor sich hin zu summen oder zu sprechen ...
Halten Sie Ausschau nach dieser **neuen alten Qualität**, die immer schon in Ihnen war ... sie kann sich mit jedem Atemzug in Ihnen ausbreiten ... und indem Sie ausatmen und die Luft in Ihnen und im Raum zum Schwingen bringen, sich auch

... und Ausschau halten nach dieser Qualität ...

nach außen hin ausweiten ... in den Sie umgebenden Raum, bis in die letzten Winkel ... und wenn Sie wollen, stellen Sie sich vor, diese Stimme erhellt das ganze Universum, tönend und hallend und schwappt auf fernen Meeren ans Land ... wo andere Menschen Ihnen zuhören ..., so dass Sie irgendwann auch wieder hier ankommen, Ihrer Umgebung gewahr werden und den Saiten in der Stimme, die da klingt, **das ist Ihre Stimme, jetzt!**

Klangvision

Wenn Sie eine Vision haben, wissen Sie, worauf Sie hinarbeiten, nein, noch besser: Eine Vision zieht Sie magisch an!
Eine Vision ist dadurch kraftvoll, dass Sie sie mit allen Sinnen erfahren, sie ist also nicht nur eine bloße (Wort-)Idee – sie lebt, atmet, sie bewegt Sie.
Im Folgenden können Sie lernen, Klangvisionen für sich selbst zu entwickeln. Vor Ihrem inneren Auge können Sie beispielsweise, wenn Sie wollen, das Haus sehen, in dem Sie wohnen. Oder einen wunderschönen Ort Ihrer Wahl ...
Stellen Sie sich nun in Ihrem »inneren Ohr« den Klang Ihrer Träume vor. Sie haben Zeit dafür ...

Mit allen Sinnen

Die folgenden Fragen helfen Ihnen, Ihre Klangvision mehr und mehr zu konkretisieren, sie fass- und hörbar werden zu lassen, so dass Sie wirklich wissen, wo es langgeht. Denn Ihre Fähigkeit, etwas zu tun, wächst in dem Maße, in dem Sie sich diese Tätigkeit sinnlich-konkret vorstellen können.

Machen Sie es sich bequem, legen Sie sich hin, oder lehnen Sie sich zurück, und nehmen Sie sich **einen Moment Zeit**, um als erstes die aufgeführten Fragen durchzugehen (1a-1e), und machen dann den Klang wirklich (2).
Wie klingt Ihr Traumklang? So, als wären Sie geknebelt? Dumpf? Oder offener, heller? Satt und kräftig? Erdig? Oder schwebend?

Lob der Bequemlichkeit

Der Fragenkata-
log: So werden
Luftschlösser
begehbar (siehe
auch Seite 112)

1a) Bewegung, Haltung

Stehen Sie gebeugt?
Bewegen Sie sich? Machen Sie Gesten zu dem Klang?
Ist es ein Tanz?
Wie ist der Ausdruck Ihres Gesichts?
Wo atmen Sie ?

1b) Innerer Klangraum

Wo schwingt er in Ihnen?
Im Schädel? Schwingt er auch im Rücken? In den Beinen? Im
ganzen Körper oder nur in bestimmten Teilen?

1c) Gefühl

Welches Gefühl vermittelt Ihnen dieser Klang?
Herzlichkeit? Trauer? Vertrauen?
Welche Gefühle bringt er zum Klingen?

1d) Klangraum außen

In welchen Raum passt der Klang gut? Wo können Sie ihn gut
hören: In einer Kathedrale? Unter der Dusche? Auf einem Berg?

1e) Bilder

Welche Bilder verbinden Sie mit diesem Klang?
Vielleicht Farben ... oder Orte, die Sie schon einmal gesehen
haben ... oder Gesichter und Bewegungen von bestimmten
Menschen ...

2) Nehmen Sie nun wirklich **diese Haltung** ein (falls das nicht
schon von allein geschehen ist ...!), und machen Sie genau
diese Bewegungen Ihrer Vision, im gleichen Tempo und im
gleichen Rhythmus ...
Bemerken Sie, dass Ihr Atem jetzt immer ähnlicher dem in
Ihrer Vorstellung geworden ist, bemerken Sie den Ausdruck in
Ihren Augen ...

... und lassen Sie Ihre Bilder heller und **größer** werden ...
folgen Sie allen Details Ihrer Vorstellung und beginnen Sie,
Ihre Klangvision **hörbar** werden zu lassen ...
Freuen Sie sich über **jede Spur Ihrer Vision** im wirklichen
Klang!

Sollten Sie Ihre Klangvision sofort ganz umgesetzt haben –
machen Sie sich nichts daraus ... erträumen Sie sich einfach
eine neue Vision ...
Falls nicht: Was genau werden Sie noch lernen, um sich Ihrer
Vision anzunähern?
Welches Sinneszusammenspiel ist Ihnen am unklarsten?
Haben Sie das Gefühl, mehr Erfahrungen mit Körper und Klang   **Kapitel 1**
zu benötigen? In welchen Körperpartien?
Oder sehen Sie im Arbeiten mit inneren Bildern eine gute
Perspektive?
Könnte Ihnen die Arbeit mit Emotionen weiterhelfen?   **Siehe Seite 51, 95**
Oder haben Sie den Eindruck, es wäre lohnenswert, Ihr Hören
noch weiter zu erhellen?
Vielleicht stehen Sie sich mit Selbstkritik im Wege?   **Rücken Sie vor
bis Seite 53**

Größerer Zusammenhang:
- Wen oder was wollen Sie mit diesem Klang erreichen?   **Adressat?**
  (Zum Beispiel: »Mutti soll ruhig hören, dass ich wütend   **Intention?**
  bin...!«)
- Welches Selbstbild hat der Mensch, der so klingt?   **Selbstbild**
  (Zum Beispiel: »Ich bin schlecht und klein...«?)
- Welche Lebenshaltung drückt Ihre Klangvision aus?   **Lebensbild**
  (Zum Beispiel: »Das Leben ist schrecklich, aber glückli-
  cherweise auch schrecklich kurz...«?)

Ein Grund, warum jemand seine Klangvision nicht verwirklichen kann ist, dass es Widersprüche im Selbstbild gibt, zum
Beispiel: »Ich bin ein armer Kerl«, und »Ich möchte den
Zuhörern ein gutes Gefühl vermitteln.«
Klären Sie diese Fragen, und widmen Sie sich dann noch
einmal dem oben beschriebenen Prozess. Sie können ihn auch
zu Beginn einer jeden Übungsstunde durchlaufen, um sich
darüber klar zu werden, was Sie eigentlich vorhaben.
Oftmals üben wir mit Engagement und Disziplin und sind
dennoch »irgendwie nicht zufrieden«. Vielleicht, weil wir auf
gar kein Ziel hinsteuern oder weil wir nicht klar sagen, auf
welches ...

Sprechen, Spielen oder Singen
in einer schwierigen Situation

Stellen Sie sich an einer Zimmerwand oder sonstwo einen
Bildschirm vor. Lassen Sie dort einen Film ablaufen, in dem
Sie selbst zu sehen sind – bis zu der Situation, in der Sie Angst
bekommen, eng werden, nervös ...
Wie ist Ihre Haltung dort?
Wie bewegen Sie sich?
Wie atmen Sie?
Und in welchem Tempo sprechen Sie?
Wie klingt Ihre Stimme dabei?
Spüren Sie dieses Gefühl auch jetzt beim Anschauen hoch-
steigen ...?

Unterbrechen Sie diesen Zustand, indem Sie aufstehen, sich bewegen, etwas anderes tun ...

Es wird einige **entscheidende Elemente** geben, die diesen Zustand ausmachen, ihn produzieren und aufrechterhalten. Wenn Sie sie finden und ändern, verändern Sie Ihr gesamtes Befinden und kommen wieder in Kontakt mit Ihrem Potential. Das werden wir im Folgenden tun.

Schalten Sie den Bildschirm noch einmal an, jetzt aber mit einem ganz anderen Film. Schauen Sie sich diesmal in einer Situation zu, in der Sie ganz in Ihrem Element sind, bei etwas, an dem Sie wirklich Freude haben.

Wie bewegen Sie sich dabei?

Und wie ist Ihre Haltung insgesamt?

Wie atmen Sie?

Vergleichen Sie nun all diese Dinge mit dem ersten Film: Was machen Sie jetzt anders?

Verwenden Sie wie im ersten Film Sprechtempo, Lautstärke, Rhythmus, Satzmelodie und so weiter. Finden Sie die entscheidenden Unterschiede heraus.

Unterbrechen Sie dann wieder für einen Moment.

Vergegenwärtigen Sie sich die Unterschiede. Schreiben Sie sie auf.

Dann schalten Sie erneut den Bildschirm mit dem ersten Film an und **verändern Ihr »Filmselbst« entsprechend der Unterschiede, die Sie herausgefunden haben.** Genießen Sie diese neue Situation und Ihre neuen Möglichkeiten!

Seitenspalte:

Unterbrechung! *Pause!* **Tun Sie ein paar Schritte!**

Die entscheidenden Elemente auffinden und – *verändern!*

Programmwechsel

Die *Unterschiede* **herausfinden**

Kurze Sende*pause.* **Zeit, um etwas aus dem Kühlschrank zu holen, Knabbernachschub ...**

Vorbereitung zukünftiger Situationen:

So wird's
gemacht

Üben Sie einfach die bisherigen (und entscheidenden) Schritte ein. So stellen Sie sicher, dass Sie ihre neuen Erkenntnisse und Möglichkeiten auch tatsächlich anwenden und zur Verfügung haben werden. Dies sind die drei wesentlichen Schritte:

❶ Woher wissen Sie, dass Sie aktiv werden müssen?
❷ Welchen Zustand wollen Sie verwirklichen?
❸ Was können Sie dafür verändern?

Gehen Sie alle drei Fragen sehr sorgfältig und langsam durch. Danach – indem Ihnen die einzelnen Schritte immer klarer werden – noch drei- bis viermal, und zwar in jedem Durchlauf rascher. Anschließend beherrschen Sie all das **im Schlaf**, und darum geht es ja auch!

Kleine Hilfen:

zu 1) *Woran erkennen Sie*, dass Sie in einen problematischen Zustand geraten? (Veränderung von Haltung, Atmung, Sprechtempo ... all die Dinge, die den problematischen Zustand von dem kraftvollen unterscheiden.)

zu 2) Bleiben Sie auch weiterhin *sinnesspezifisch konkret* (siehe oben).

zu 3) *Ihre* persönliche *Strategie* konkreter Veränderungen, die Sie gerade entwickelt haben.

Klang und Emotion

Ein guter Freund ruft Sie an und sagt, alles sei in Butter, und doch ist Ihnen klar: Da steckt was im Busch! Es ist lohnend, sich mit der ungeheuren Vielfalt von Emotionen und Ihren Klängen vertraut zu machen.

Von Butter und Büschen

Machen Sie eine Liste der Ihnen bekannten Emotionen. Einige kennen Sie vielleicht besser von anderen Leuten, das macht nichts, führen Sie sie ebenfalls mit auf, jeweils als Stichwort wie: bitterbös wütend, heiß erregt und so weiter. Dann wird es Ihnen im Folgenden leichter fallen, diese Emotionen und ihre Klänge durchzugehen, weil Sie sie schon parat haben. Wer weiß, vielleicht fällt Ihnen ja während des Notierens noch etwas Lustiges ein ...

Welche Emotionen gibt es überhaupt?

Wenn Sie so an Ihrer Liste arbeiten, dann können Sie vielleicht einige Emotionen oder Stimmungen in einen (psycho-)logischen Ablauf bringen, so wie es für Sie selbst stimmt.

Eine jagt die andere

Machen Sie es sich bequem.
In einem angenehmen Zustand lernt es sich viel besser, aber das haben wir ja schon erwähnt. Um **welche Emotion** geht es bei diesem ersten Durchlauf? Gut, also ... Tun Sie so, als seien Sie an einem schönen Strand, an dem die Sonne Sie angenehm wärmt ... Seien Sie Ihres Atems gewahr ... Schauen Sie, welche Bilder Ihnen einfallen ... Vielleicht sehen Sie sich selbst oder andere Menschen ... **In welcher Körperhaltung** sind Sie ... oder wie bewegen Sie sich dabei ...

Seien Sie kein Bequemlichkeitsmuffel

Worum geht's?

Dann hören Sie sich die Stimmen an, hören Sie in die Klänge der Stimmen hinein ... **und genießen** Sie diese Erfahrung, jeden Moment dieser Reise durch Ihr eigenes Bewusstsein ... und bleiben Sie in jedem Zustand, solange Sie möchten, gehen Sie dann weiter, den ganzen Verlauf hindurch bis zum Schluss.

Und zur Abwechslung eine technische Anweisung: Benutzen Sie alle Sinne!

Dafür haben Sie **viel Zeit** ...
Achten Sie auf **die klanglichen Unterschiede** der verschiedenen
Emotionen ... auf die unterschiedlichen Resonanzräume.

Anmerkungen und Variationen:

Sprechen, singen oder klingen Sie auch tatsächlich, während
Sie ihre inneren Orte und Emotionen aufsuchen, um die
sofortigen Auswirkungen auf Ihre Stimme zu prüfen.
Achten Sie auf **die unterschiedlichen Wirkungen**, die jeder
Verlauf auf Sie hat.
Auf welche Qualitäten hätten Sie **öfter Lust** in Ihrem Leben?
Dadurch, dass Sie sich auf diese Weise damit beschäftigen,
werden Sie leichter und öfter Zugang dazu finden ...
Vergegenwärtigen Sie sich jeden Zustand so stark, dass Sie ihn
durch den ganzen Körper fließen fühlen können (oder: Sie
können sich auch vorstellen, dass er Ihren Körper umspült,
wie Meerwasser den Badenden). Die Bewegung Ihres Atems,
aber auch der Blutkreislauf werden Ihnen dabei behilflich sein.

 Probieren Sie ruhig auch mal diese Abfolge aus (sie ist Ihnen sicher sowieso
als erstes eingefallen!): Von erotisierendem Säuseln über lockendes Hauchen
zu sich aufbäumendem Brummen und über diverse Stationen zu orgastischen
Klängen ...

Verstärken, Sie können die Empfindung aber auch folgendermaßen ver-
aber wie? stärken:
Lassen Sie die Klänge und Geräusche lauter werden oder näher
an Ihrem Ohr sein. Probieren Sie auch die gegenteilige Wirkung
aus, wie wenn Sie alles nur wie aus der Ferne hören oder
durch **verstopfte Ohren**, oder wenn Sie all dies die Mickymaus-
Synchron-Stimme tun lassen.
Sie können auch das Tempo *ver-lang-sa-men*.

Was lässt sich am Klang verändern (wie am Fernseher!), um die Wirkung einer (erwünschten) Emotion zu verstärken oder die einer (unerwünschten) abzuschwächen? (Besonders wirkungsvoll bei einer nörgelnden oder kritisierenden inneren Stimme!)

Kritische Nörgler und andere Parasiten im Kopf

Hören Sie auf die verschiedenen Klangqualitäten und wo sie sich am stärksten in Ihrem Körper ausdrücken ...

Die Stimmklänge verändern sich häufig zu Wörtern. Wenn Sie anfänglich keine hören, dann lassen Sie die Stimmen aus Ihrem Bild einfach Worte sagen, die zu der betreffenden Situation passen. Fällt Ihnen nichts ein, nehmen Sie Ihren eigenen Namen, das ist immer unterhaltsam!

Wortloses Brummen

Mobilisieren Sie jene Veränderungen, die Ihnen gut gefallen, indem Sie einfach wieder an das Gesamtbild, an die Klänge denken. Sie haben die Freiheit, Ihre Aufmerksamkeit zu lenken, wie und wohin Sie wollen. Das, worauf Sie aufmerksam werden, ist das, was Sie erleben ... Vergnügen Sie sich und wachsen Sie ...

Wie's Ihnen gefällt! (Wem sonst?)

Innere Bilder und Klang

Bei der Frage: »Wie ist dieser Klang?« entstehen oft Bilder, Assoziationen, um zu beschreiben, wofür Worte fehlen. Das ist vollkommen in Ordnung so, denn wer sagt denn, dass alles in Worten ausgedrückt werden muss? (Die »Pflicht« zum Wort ist allerdings nach wie vor sehr verbreitet: Politiker, Manager und Menschen wie Sie und ich treffen sich beispielsweise immer noch zu Beratungs*gesprächen* – anstatt Probleme und Lösungsvorschläge zu ertanzen, zu besingen, auszumalen oder zu erträumen ...)

**Bilder fühlen,
Klänge sehen,
Bewegungen
hören ...**

Das Auge isst mit, wie man sagt. Interessant ist nun, dass wir den Klang über diese Bilder verändern können. Bilder sind nämlich nicht nur zufällig Ausdruck des Gemeinten, sondern **Bestandteil des Gemeinten** – nur eben **in einem anderen Sinneskanal**.

Jedes Ereignis wird in jedem Sinneskanal erlebt – auch wenn die Kanäle wechselweise in den Vordergrund treten.

**Klang macht das
Bild hörbar,
Bewegung das
Bild fühlbar ...**

Im Verlauf eines Unterrichts zum Beispiel sagte eine Teilnehmerin: »Ja also, ich weiß nicht, wie sich das anhört. Es ist, wie in eine Höhle zu singen.« Meine Antwort lautete: Gut. Jetzt lass die Höhle tiefer werden und weiter ... Und die Höhle wurde wirklich tiefer – gemeint war natürlich der Klang! Beide eben.

Das Gleiche gilt für Bewegung: In dem Höhlenbeispiel zeigte jene Frau auch mit den Händen diese Höhle und deren Eingang, als Untermalung des Ganzen. Wir hätten also auch diese Bewegung verändern können: geschmeidiger, größer, stärker und so weiter.

**Das ist nur ein
Beispiel aus
unzähligen! Sie
finden leicht Ihre
eigenen**

Im Folgenden wird ein Beispiel für **ein Bild-Klang-Paar** gegeben. Stellen Sie sich einen Lichtkreis oder eine Lichtkugel oder ein Mandala, ein Feuerrad vor. Schauen Sie, ob es ein Zentrum gibt, einen Punkt, eine Achse, oder ist das Zentrum eine Art Loch, ein Durchlass ...?

Welche Farben haben Sie gewählt?

Ist das Bild bewegt?

Wie groß ist es? Wie weit ist es von Ihnen entfernt?

Machen Sie nun Klänge, summend oder singend – also beides zugleich: Sehen Sie sich das Bild an und singen Sie dazu ...

Wichtig dabei ist: Was verändert es? Ist es interessant? Ist es leichter? Kommt mehr dabei heraus?

Achten Sie darauf, wie das Bild den Klang sichtbar macht ...
und der Klang hörbarer Ausdruck des Bildes ist ...
Nun verändern Sie absichtlich das Bild und machen weiterhin
den Klang: Lassen Sie es größer werden, leiser, quadratisch
statt rund, blasser und kräftiger in den Farben, bewegt und
unbewegt, schneller und langsamer ...
... und registrieren Sie, wie dies den Klang verändert – und
welche Veränderung Sie im Moment gerne mögen.

*Klang und Bild –
beginnen Sie mit
der Veränderung,
wo Sie wollen*

Kapitel 3

Singen am Nordseestrand oder im häuslichen Bad

Alles Wichtige über Resonanz

Schauen wir uns Folgendes einmal an und vergleichen Sie bitte: Im einen Fall stehen Sie an der Nordsee und singen gegen den Wind, im anderen in einem schönen, weiß gekachelten Bad und singen dort: In beiden Fällen investieren Sie gleich viel Kraft, aber in einem von beiden ist mehr zu hören. (Wer hätte das gedacht?!)

Resonanz ist mindestens aus zwei Gründen interessant für unsere Stimme:
Wie im Beispiel des gekachelten Bades bedeutet sie: Mit gleichem Aufwand **mehr Klang**.
Zum zweiten: Unterschiedliche Resonanzräume antworten auf **unterschiedliche Klanganteile** in unserem Klang – und damit wiederum auf unterschiedliche Klangräume in uns selbst. Abhängig von der Architektur des Raumes, werden Ihnen eher die hellen oder die dunkleren Anteile Ihrer Stimme verstärkt zurückgegeben.

In diesem Kapitel geht's um folgende Themen:
Das Ohr singt.
Hände.
Mund zu Mund singen.
Hände am Körper.
Malen und Singen der Klangfarben

Siehe auch Kapitel 4, Seiten 88 und 92

Über diese Rückmeldung also lernen wir unser **Klangbild** kennen und können es farbiger gestalten, leichter, **raum-füllender** – was nichts anderes bedeutet als ... voluminöser.

Auf den Boden kommt es an!

Resonanz kann jedoch auch über **unterschiedliche Sinne** verlaufen:
Ein Sie skeptisch beäugendes Auditorium mit übereinandergeknoteten Beinen und hochgezogenen Augenbrauen (Sehen), in dem ununterbrochen getuschelt wird (Hören), ist Ihrem inneren Selbstzweifel (Fühlen) ein hervorragender Resonanzboden und wird ihn verstärken ...
Das Ganze funktioniert natürlich genauso in **die gewünschte Richtung**, und damit befasst sich dieses Kapitel ebenfalls.

Das Ohr singt

Nehmen Sie Ihre Nase wahr.
Indem Sie sich Zeit lassen, können Sie den **Luftstrom** in der Nase besser wahrnehmen ...

Im Ausatmen Pause

Wandern Sie bei jedem Male, wenn Sie einatmen, ein Stückchen mit dem Luftstrom mit nach innen. Im Ausatmen

 **Pause**

Bevor Sie weiterlesen, lassen Sie sich **mindestens** fünf Minuten und danach eine kleine Pause Zeit **für Ihre eigene Reise** in Phantasie und Aufmerksamkeit ... im Einatmen, und im ...

Bis später!

Lesen Sie nach Ihrer eigenen Expedition weiter.

Im Einatmen fließt die Luft in einem Raum oberhalb des Gaumens entlang nach hinten ... und ausatmen ... und ...

Sie sollten doch erst nach Ihrer eigenen Expedition weiterlesen ...

◼ **Pause** ◼

... und **im Einatmen** hinter den Backenzähnen nach unten ... und ausatmen und ...

◼ **Pause** ◼

für einige Atemzyklen.

Folgen Sie dann im Einatmen der Luft **oberhalb des Gaumens** und hinten an den Backenzähnen vorbei weiter nach hinten und nach unten ... dort, wo die Luft vorbeistreicht, ist es etwas kühler ...
und im Ausatmen

Lassen Sie sich *wirklich* Zeit, um die entsprechenden Bilder und Gefühle klarer zu bekommen

◼ **Pause** ◼

... bis ins Innere des Halses ...
        ... **vor** der Wirbelsäule ...
                ... bis zum Kehlkopf ...

und hindurch in die Bronchien und die Lunge,
wo sie auf »magische« Weise Teil des Blutkreislaufes wird ...

◼ **Pause** ◼

Gehen Sie dann den Weg bis hierher noch einmal **in der Vorstellung** durch. Welche Bereiche erscheinen Ihnen noch dunkel?
Wie könnten Sie **Licht** in die Sache bringen?

◼ **Pause** ◼

Zwei Luftströme   Nehmen Sie jetzt **zugleich Nase** und **Ohrmuschel** wahr, während Sie **Einatmen**.
Stellen Sie sich vor, durch das Ohr zöge ein Luftstrom genauso wie durch die Nase. Verfolgen Sie seinen Weg ... und summen oder singen Sie dabei ... und – wo vereinen sich beide Luftströme?
Vom Mittelohr gibt es tatsächlich einen Weg in den Nasen-Rachenraum, der meist verschlossen ist, sich aber durchaus auch öffnen kann.
Zum Beispiel beim Gähnen, zum Druckausgleich im Flugzeug, aber auch **für bestimmte Frequenzen** im Klang, weil sie der Eigenfrequenz dieses tunnel-artigen Raumes entsprechen.
Während Sie **diesen Durchgang** im Schädel hinter den Augen und zwischen Gaumen und Ohrmuschel **genauer orten**, singen oder summen Sie.

◼ **Pause** ◼

Von innen ins Ohr   Verschließen Sie noch einmal die Ohren von außen (siehe auch Seite 31), drücken Sie mit den Fingern auf die kleine Hautklappe am Ohreingang, und summen oder singen Sie. Jetzt können Sie noch deutlicher in das Ohr hineinhören bzw. -singen, weil sie, wenn der Weg von außen versperrt ist, viel mehr von der Klanginformation wahrnehmen können, die sich **innen** ihren **Weg** bahnt.

Lassen Sie nun diesen Klang innen klarer werden ... und lauter. Singen oder sprechen Sie dann normal weiter, und bemerken Sie das Verhältnis von Klang und dem Aufwand, den Sie dafür aufbringen.

Auch diese Übung ist ein Werkzeug, das **mit jedem Male neue Ergebnisse** bringt, wenn Sie es anwenden.

Den Klang innen lauter werden lassen, klarer und ...

... achten Sie auf die Veränderungen im Preis-Leistungs-Verhältnis

Hände

Gehen Sie ein wenig herum. Nehmen Sie wahr. Schließen Sie dann die Augen und gehen Sie **rückwärts**. Nehmen Sie wahr. Im zweiten Teil der Aufgabe werden Sie der Bewegungen Ihres Körpers viel stärker gewahr gewesen sein. Ihr kinästhetischer Sinn übernahm die Führung. Die Autorität für Körper, Bewegung und Raum ist der kinästhetische Sinn, und nicht das Auge.

Die Autorität des Klanges ist das Hören. Achten Sie im Folgenden auf einen ähnlichen Sinneswandel wie oben, diesmal beim Hören: Machen Sie einen Klang. Halten Sie dazu eine Hand vor Ihrem Gesicht zwischen Mund und Ohr, die Fingerspitzen in Richtung Ohr zeigend. Die Hand macht etwas aus dem Klang stärker hörbar, lauter.

Hören Sie auf das, was Ihnen die Hand verstärkt. Es gibt verschiedene Abstände und Positionen der Hand, die den Klang oder etwas im Klang lauter werden lassen: **Ihr Ohr findet diese Punkte**, nicht ihre Hand! Während Sie **immer weiter in die Hand hineinhören**, wird es immer leichter, den Klang zu machen ...

Die Autorität für die Stimme: das Hören!

Was wird von der Hand reflektiert?

Bemerken Sie das Umschalten auf das Hören

Eine wichtige Variante zu dieser Übung finden Sie in Kapitel 4, Seite 92.

Mund zu Mund singen

Zu Zweien:

Stellen Sie sich in bequemem Abstand gegenüber. Singen Sie beide. Achten Sie auf das Gemeinsame im Klang.

Die Klänge vermischen sich und bilden einen Klangraum, unabhängig vom Einzelnen bei Ihnen beiden. Dadurch wird der Klang von allein voller und Ihr Aufwand, ihn zu produzieren, reduziert sich.

Ist momentan kein anderer Mensch greifbar, rücken Sie vor zu Kapitel 4, Seite 92.

Dort finden Sie eine Variante, die sich **auch für Singles** eignet.

Von der Wand ausgehend, können Sie dann **unterschiedliche Stellen im Raum** untersuchen hinsichtlich dessen, was diese in Ihrem Klang verstärken: Ecken, unterm Sofa ... Jeder Ort verstärkt eine andere Qualität Ihres Klanges – und macht diese oft überhaupt erst hörbar und damit auch für Sie als **Möglichkeit der Gestaltung** zugänglich.

Anmerkung:

Sie müssen nicht so lange den Ton halten wie der andere! Wenn die Luft weg ist, ist sie weg.

Es geht auch nicht darum, die gleiche Tonhöhe zu treffen oder halten zu müssen, und auch nicht um einen besonders originellen Tonabstand.

Je mehr Sie sich zusammen in **einen Klangraum** begeben, desto leichter wird es jedem von Ihnen fallen, den Klang zu erzeugen, desto mehr wird er aus sich heraus wachsen. Der gemeinsame Klangraum kann – je nach **Abstand** der Köpfe – ganz unterschiedliche Farbe und Form haben. Wird der Vokal verstärkt? Oder das Helle im Klang? Lassen Sie einmal das Helle im Klang stärker werden ...

Bei dieser Übung passiert immer sehr viel, und das ist gut so. Kommen Sie immer wieder zum Ausgangspunkt zurück: das Gemeinsame im Klang, das **sich von selbst Verstärkende**, der Klangraum, der nicht die bloße Addition Ihrer beiden Klänge ist, sondern ...

Hände am Körper

Summen oder singen Sie einen Ton.
Ertasten Sie mit einer Hand die Bereiche, die klingen.   **Tasten**
Eine leichte Berührung kann den Klang auf dramatische Weise verändern, weil die Muskeln verstehen, dass sie loslassen können. Beachten Sie auch die nicht so spektakulären Auswirkungen!

Gehen Sie spielerisch damit um.

Bald können Sie sich selbst wie ein Instrument spielen, und   **Vom »Wo?« und**
je nachdem, wo sie berühren und wie, wird der Klang voller,   **»Wie?«**
tiefer, klarer.
Zu einem späteren Zeitpunkt (zum Beispiel vorm Einschlafen), können Sie »gedanklich« noch einmal diese Bereiche durchgehen und bemerken, wie das bloße Daran-Denken Ihren Klang und Ihr Körpergefühl wiederum verändert.

So, wie das pure »An-die-morgige-Prüfung-auch-nur-Denken«
das Herz schon heute höher schlagen lässt. Genauso natürlich
die Aussicht, in einer Viertelstunde tatsächlich Barbara
Streisand oder Luciano Pavarotti die Hand zu schütteln! Und
genauso würde der Gedanke ans Restaurant »Saloniki« Ihr
Herz und Ihren Blick erweichen und Sie zum Schwärmen
bringen, hätten Sie sich dort einmal unsterblich verliebt.

Malen und Singen der Klangfarben

Sie brauchen:
Wachsmalstifte oder Aquarellfarben und einige große Bogen
Papier. Eine halbe Stunde Zeit.

Aufgabe:
Malen Sie während Sie singen, was Sie hören.
(Mindestens 20 Minuten)

Nehmen Sie den Austausch wahr, der zwischen Ihrem Klang
und dem Bild stattfindet!

Sie können dieses Spiel auch gezielt auf bestimmte Klangbereiche (siehe Kapitel 4) anwenden.

Sie könnten sich außerdem als Aufgabe stellen: Was mag ich
an dem, was ich höre und, indem Sie sich klingend und malend
mit dieser Qualität beschäftigen, sie sich ausbreiten lassen.

Diese Übung vermittelt eine wunderbare und effektive Art der
Resonanz.

Kapitel 4

Ssssuppe: Wie außen, so innen

Interessantes über Klangstruktur

Willkommen in meinem Lieblingskapitel! Hier wird Ihnen einiges geboten, und weil man sich an großen Happen leicht verschluckt, wird Ihnen alles häppchenweise serviert. An dieser Stelle sei also ein rascher, zusammenfassender Überblick gegeben:

Auch in diesem Kapitel können Sie natürlich gehen, wohin Sie wollen und wann Sie wollen!

Zur Methode (sie soll nochmals erwähnt werden, obwohl sie sich bereits durch das ganze Buch wie ein roter Faden zieht): Ihre Augen kriegen was zu sehen, die Ohren was zu lauschen, und Ihre Fühler werden selbstverständlich gestreichelt: Jedem Sinn sein Salabim!

In »Hören und Sehen« (auf der folgenden Seite) tische ich Ihnen einige Beispiele aus anderen Gebieten auf, die anschaulich machen, dass Ihnen das Thema »Differenzieren = Wachsen« im Grunde schon ein Leben lang bekannt ist – auch wenn Sie das nie so genannt hätten, und Namen sind ... na, Sie wissen schon. Auch dieses Thema spielt natürlich für *alle*

Übungen eine wesentliche Rolle und hätte deshalb auch in Kapitel 6 untergebracht werden können. Doch es macht gerade den Aufbau dieses Kapitels transparent.

Die Elemente

In »Die Elemente« (Seite 67) geht es endlich zur Sache! **Grundton, Vokal, Vibrato** und der **»helle« Bereich darüber** (inklusive der geheimnisumwitterten **Singformanten**) werden nacheinander jeweils kurz vorgestellt und vor allem: in Ihrem eigenen Klang anhand kurzer Experimente **für Sie selbst wahrnehmbar** gemacht und **verstärkt**.

Hören und Sehen

Keine Unterschiede

Es gab eine Zeit, da kannten Sie keine Unterschiede. Da bewegte sich Ihr ganzer Körper im Gleichklang. Und auf einmal. Und das war nicht nur wunderschön, sondern auch *eine erhebliche Einschränkung:* Denn es schien nicht in Ihrer Macht zu liegen, ob Ihre Hand sich öffnete oder schloss und auch nicht, wann sie das tat. So konnten Sie nichts greifen.

Vom Zufall ergriffen – sich selbst begreifen

Oder Sie hatten *zufällig* etwas gegriffen, konnten es aber nicht mehr loslassen. Nun konnten Sie zwar greifen, aber ließen von seltsamen Mächten dazu bewegt wieder los, bevor das Objekt Ihren Mund erreicht hatte ... Diese Probleme brachten Sie dazu, den Gebrauch Ihrer Hände zu differenzieren – also unterscheiden zu lernen, was zu greifen und was loszulassen ist.

Als Sie lernten, den Gebrauch Ihrer Hände zu differenzieren, welche Möglichkeiten haben Sie sich da erschlossen! Sie konnten Dinge heranholen und die Welt be-greifen ...

Heute können Sie zwar greifen **und** loslassen und sogar einen Bleistift halten und fürs Schreiben bewegen, aber sind Sie deshalb schon Pianist? Welch unermessliches Potential ist dort noch verborgen! Und warum hört ein Pianist nie auf zu üben?

Hier ein Satz zum Zweimal-Lesen (mit der Stimme eines Menschen, dem Sie gern zuhören ...): In dem Maße, in dem Sie zu differenzieren lernen, wächst das Verständnis um die Zusammenhänge und damit die Freiheit, sich zu bewegen und zu handeln. (Was eigentlich nichts anderes besagt, als alle vorangehenden und die paar folgenden Beispiele verbildlichen.)

Für die Stimme ist es daher von zentraler Bedeutung, **das Hören zu differenzieren**. Mit Hören meine ich hier so etwas wie Klavierspielen, im Gegensatz zu etwas auf die Tasten (zum Beispiel Hände) fallen zu lassen. Oder Lesen im Unterschied zu Sehen. Ein kleines Kind kann zwar sehen, aber noch nicht lesen. Trotzdem laufen Sie mit dem Kind nicht zum Arzt und rufen: Das Mädchen ist blind! Es kann nicht lesen!

> Mit zunehmender Differenzierung erschließen sich immer komplexere Fähigkeiten

> Die Stimme und das Hören

> Das blinde Mädchen!

Die Elemente

Jeder Ton, den Sie singen oder sagen, besteht aus unendlich vielen einzelnen Tönen – vergleichbar mit den unzähligen einzelnen Farbtupfern, die zusammen ein Bild ergeben. Und dennoch schleppt ein Maler nicht unzählige Tuben und Eimerchen mit allen Farbschattierungen mit sich herum: Er braucht nur drei. Rot, Gelb und Blau. Vielleicht noch ein bisschen Weiß und Schwarz. Aus diesen wenigen Elementen lassen sich Gletscher, Jagdszenen, abstrakte Formen, Portraits und unzählige andere Motive zaubern.

Das Klangbild jedes Klangs (oder Tons) besteht aus unendlich vielen kleinen einzelnen Punkten oder eben: Frequenzen. Ein »reiner« und vibratoloser Ton klingt so ähnlich wie das Piepen eines elektronischen Weckers ...

Welches also sind die Elemente des Klangs?

Im Folgenden stelle ich Ihnen den **Grundton**, den **Vokal**, das **Vibrato** und den **»hellen« Bereich darüber** inklusive der **Singformanten** kurz erläuternd und insbesondere anhand von Übungen vor. Sie erinnern sich: Sie könnten diese Zeilen nicht lesen, hätten Sie nicht in grauer Vorzeit einmal den Gebrauch Ihrer Hände differenziert ...

Die vier Elemente

Der Grundton

Tonhöhenbewegung = Grundtonbewegung

Summen Sie mal eine Melodie. Oder sprechen Sie, aber mit geschlossenem Mund. Die Bewegung, die Sie hören, ist die des Grundtons. Sie verändern während der Melodie seine »Höhe« oder Frequenz. Das Auf und Ab der Noten in der Notenschrift der Musik markiert diese Bewegung. (Der gesungene **Text** liefert Vokale und Konsonanten.)
Auch im Sprechen findet diese Melodiebewegung statt, ansonsten beten Sie gerade den Rosenkranz oder Ähnliches.

Singen Sie den Vokal »A« und wechseln Sie gleitend (Dimmer!) zum »O«. Etwas im Klang verändert sich. **Was bleibt gleich?**

 Dimmer kennen Sie doch: Es macht nicht »Klack!« und das ganze Licht ist voll da, sondern man kann es sanft hereinfahren, über unzählige Zwischenstufen.

Singen Sie ein einfaches Lied (zum Beispiel ein Kinderlied) auf einer gleichbleibenden Tonhöhe. Das klingt so wie Gebetsmurmeln. Der Grundton bleibt gleich. **Was verändert sich?**

Der umgekehrte Weg: Summen Sie einen Ton. Bewegen Sie dann willkürlich und so leicht wie möglich Kiefer, Lippen und Zunge dazu. Es entsteht eine Art Gebrabbel. Eine Art Sprache. Formen Sie in den nächsten paar Minuten aus dieser Sprache langsam die erste Silbe Ihres Namens.
Formen Sie in den darauffolgenden paar Minuten mit einigem Abstand zunächst die erste, dann die zweite Silbe Ihres Namens. Dazwischen wechseln Sie jedoch immer wieder in die »fremde Sprache ...«

Man kann nie aufhören, Sprechen zu lernen

Summen Sie so weiter, bis Sie Ihren ganzen Namen haben. Achten Sie auf die Qualitäten, die jetzt mitschwingen, wenn Sie Ihren Namen sagen mit dem, wie Sie ihn gewohnheitsmäßig, beispielsweise am Telefon, sagen: Kommen nun weichere Saiten von Ihnen ins Spiel? Lustvollere? Spielerische oder humorvolle?
Singen Sie auch auf diese Weise!

Sprechen, Murmeln, Singen

Reden Sie leise vor sich hin. Was auch immer ...
Zum Beispiel, was Sie gerne frühstücken ...
Es muss auch nichts Konkretes sein ...
Reden Sie dann weiter, und lassen Sie den **Kiefer** dabei träge werden, auch die Lippen.
Dann auch die Zunge, so dass die Sprache schließlich unverständlich wird, weil Zunge, Kiefer und Lippen sehr langsam und schlammig herumwackeln ...

Mundfaulheit

Kiefer, Lippen, Zunge

Wo können Sie den Klang jetzt in sich fühlen?

Die Hände benutzen

Benutzen Sie Ihre Hände, um diese Regionen zu ertasten und um die körperliche Empfindung von Klang und Vibration eindeutiger, konturierter, stärker werden zu lassen ...

Sich selbst sanft zu berühren ist für viele, wenn sie es absichtlich tun, eine merkwürdige Sache. Macht nichts!

Lassen Sie Ihrem Körper Zeit, die Bewegung und den Klang zu spüren.

Je länger Sie an einem Ort verweilen, desto weicher und somit resonanzfähiger wird er ...

Fließende Über-gänge

Wenn Sie einen Bereich gefunden haben, dann ertasten Sie seine Grenzen – hört der Klang irgendwo abrupt auf?

Je mehr Sie diese feine Bewegung erspüren können, desto mehr kann sie sich ausbreiten, desto mehr schwingen Sie. Der Klang wird dadurch voller und einfacher.

Die Handflächen haben eine eher weibliche, die Fingerkuppen und -spitzen eine eher männliche Qualität.

Kiefer, Zunge, Lippen ganz bewegungslos

Lassen Sie die Bewegungen von Zunge und so weiter ganz sein, aber fahren Sie mit dem Klang fort.

Vielleicht erstaunt es Sie, wie tief und weich dieser gesungene Ton jetzt ist ...

Hören Sie auf die Satzmelodien im Murmeln.

- Machen Sie sie ein wenig stärker hörbar.
- Verlangsamen Sie die Melodiebewegung.
- Vergrößern Sie die Melodiebögen langsam.

Wieder Kiefer usw. träge, zugleich die Melodiebögen

Lassen Sie die Kiefer- usw. -Bewegungen sein, aber singen Sie weiterhin den »Sing-Sang«.

Sprechen und Singen

Die Bedeutung dessen, was wir sagen, setzt sich aus dem zusammen, **was** wir sagen **und** dem, **wie** wir es sagen. Dabei ist es nicht möglich, »sachlich« oder »neutral« zu sprechen, also die Subjektivität von Wahrnehmung und Kommunikation zu leugnen und objektive Wahrheiten oder Fakten verbreiten zu wollen. Überlegen Sie einmal: Ein Wort, zu dem Sie keinerlei gefühlsmäßige, bildhafte oder klangliche Verbindung herstellen – das wäre so eines wie: xätrxg. Diese Buchstabenkombination sagt Ihnen nichts. (Es sei denn, das wäre ganz ganz zufällig der Name Ihres Geliebten – vermutlich in einem ganz ganz weit entfernten Land ...)

Siehe auch
Kapitel 6, Seite
109f.

xätrxg

Hier ein unterhaltsames Experiment, um Ihre beiden Gehirnhälften zu fordern und zu neuer Kooperation zu bringen!
Nehmen Sie etwas, das Sie zu sprechen gewohnt sind, und singen Sie es diesmal!
Zum Beispiel:
– Das Gespräch morgens beim Bäcker ...
– Eine Verabredung treffen ...
– Ihre politische Meinung ...
– Jemanden loben/tadeln ...
oder
– Ihre moralischen Überzeugungen ...
– Ihre Pläne oder Befürchtungen für die Zukunft ...
– Ein alltägliches Telefonat ...

Natürlich können Sie auch umgekehrt ein Lied sprechen: Was macht das mit dem Lied?
Achten Sie auf die vielen **neuen Aspekte dieser Sache**, die Ihnen dadurch klar werden, auf **die Farbigkeit**, auf die Ernst-

Was ist neu?

haftigkeit der Angelegenheit. Bemerken Sie anschließend das Fließen von Energie, die Lebendigkeit ...

Und wie klingt jetzt für Sie Ihr Sprechen?

Der Veränderungen gewahr werden

Das eben Geschilderte ist auch eine gute Methode, um verknotete Situationen zu entwirren, sich in zerfahrenen wieder zu zentrieren oder um sich auf eine bevorstehende Situation vorzubereiten.

Bild des Grundtons

Machen Sie sich ein inneres Bild (oder malen Sie wirklich eines, siehe auch: Kapitel 2, Seite 53 und Kapitel 3, Seite 64) von Ihrem Gesamtklang und dem darin enthaltenen Grundtonbereich.

Wie viel Platz nimmt er im ganzen Bild ein?

Welche Farbe hat er? Ist er bewegt? Welche Form hat er?

Der Vokal

Vokal: Information und Emotion

Für viele ist es einfacher, vor anderen ein ganzes Lied zu trällern, als einen einzigen Ton auf einem einzigen Vokal. Denn der Vokal liefert wichtige Informationen über unsere Stimmungen. Ob wir klar sind und strahlend oder bedeckt und grau: Alles hängt stark von der Färbung des Vokals ab. Er ist aber auch für den Inhalt des Gesagten wichtig: Den Vokal nicht ständig und fließend verändern zu können, würde bedeuten, wü dü drü Chünüsün müt düm Küntrübüß zü sprüchün. Sü vürstühün?

Wir nutzen, wie Sie feststellen werden, von den vielen Möglichkeiten, Vokale zu formen, nur sehr wenige. Meistens sind es sehr umständliche Arten, die mit vielen Bewegungen und unnützer Kraftanstrengung verbunden sind. Im Laufe dieses Tuns verflachen oder verdunkeln wir den Klang. Oder aber wir machen ihn dünn oder spitz ...

Es gibt unzählige Möglichkeiten, einen Vokal zu »bilden«

Ziel der nun folgenden Übungen ist es, die vielfältigen Möglichkeiten der Vokalbildung kennenzulernen, um auf diese Weise **die eigenen Muster** zu **vereinfachen**: Das zahlt sich aus in **vollerem Klang** bei **weniger Kraft**.
Ich möchte Sie ein wenig neugierig machen: Können Sie sich vorstellen, alle Vokale klar und deutlich formen zu können, ohne dass man eine Bewegung Ihrer Lippen, Ihres Kiefers sieht, weil all das ganz ruhig bleiben kann? Sobald Ihnen das möglich sein wird, wird Ihr Klang wirklich ein anderer geworden sein!
Die erste Übung dient dazu, ganz ähnlich wie die ersten Übungen zum Grundton (Seite 68f.), den Vokal erst einmal überhaupt im eigenen Klang aufzuspüren. In den folgenden geht es um Ökonomie und Freiheit und – um **mehr Klang!**

Wetten, dass?!

Vokalbewegung

Singen Sie einen Ton mit geschlossenen Lippen.
Verändern Sie dann dabei den Mund und Rachenraum so, als sängen Sie am Anfang jeden Tons ein **U**, **dann ein O, A, E und schließlich ein I**.
Mit offenen Lippen würde man diese Vokalfolge hören. Was hören Sie davon mit geschlossenen Lippen?
Bleibt während dieser inneren Bewegung im Klang alles gleich?

Mit geschlossenen Lippen singen und ...
... so tun als ob

Was sich wandelt ...
... und was bleibt

Hören Sie jetzt auf das, was sich im Klang verändert. Ein Teil, zum Beispiel das Tiefe, bleibt gleich. Aber **etwas verändert sich** dennoch im Klang. Es ist wie eine kleine Melodie. Auch von außen kann man sie hören ...

Wo schwingt es in Ihnen am stärksten, wenn Sie beim I angekommen sind?

Und **wo bei den anderen Vokalen?**

Kleine Hilfe:

Variieren Sie die Geschwindigkeit des Vokalwechsels: Gehen Sie einige Male während eines ganzen gesungenen Tons von u nach i; danach im Verlaufe zweier gesungener Töne (in der halben Geschwindigkeit). Und dann einige Male in vierfacher Geschwindigkeit!

 **Pause**

Lassen Sie jetzt den Vokalanteil im Klang lauter werden.
Sie können dafür die entsprechenden Resonanzräume stärker schwingen lassen.

 **Pause**

Lippen öffnen sich

Lassen Sie die Lippen sich öffnen, und fahren Sie dabei mit der Vokalbewegung fort.
Hören Sie jetzt auf das, was im Klang gleich bleibt ... und auf das, was sich verändert. (Analog visuell: Straße und vorüberfahrende Autos oder Himmel mit Wolken – etwas bewegt sich, etwas bleibt gleich.)

Was hat sich insgesamt verändert?

Wie hat sich Ihr Klang insgesamt verändert?

Einstellung für einen Vokal

Singen Sie ein U.   U und Augen zu
Lassen Sie sich Zeit, um in den Klang hineinzuhören.
Es braucht ein wenig, um »in Kontakt« zu kommen.
Singen Sie ein U, und kommen Sie in Kontakt mit dem Hören.

Es ist gut möglich, dass Sie **noch besser hören** können, wenn
Sie die Augen dabei schließen. Singen Sie ein paarmal mit
offenen und dann einige Male mit geschlossenen Augen. Gibt
es Unterschiede in der Intensität des Hörens?
Für viele Menschen zieht die gewohnheitsmäßige Orientierung
auf das Sehen die Aufmerksamkeit vom Fühlen und vom Hören
ab.
Das einfache Schließen der Augen ermöglicht also **eine Re-
Organisation Ihrer Wahrnehmung – und damit Ihrer Fähigkeiten.**

 Für andere, oder in anderen Situationen, wenn Sie von Gefühlen oder inneren
Stimmen gefangengehalten sind, kann die bewusste Orientierung hin aufs
Sehen (nach außen) Ihre Aufmerksamkeit befreien und den geschlossenen
Zustand beenden!

Fühlen Sie die Einstellung des Kiefers, der Zunge, des Rachens   Was tun Sie momentan fürs U?
und der Lippen, die für Ihr U momentan notwendig ist.
Lassen Sie all das nach jedem Ton wieder los, um in der   Lassen Sie es wieder los
folgenden Neueinstellung des U für den nächsten Ton gerade
diese Bewegung genauer erspüren zu können.

■ **Pause** ■

**Einstellung auch
im Einatmen
beibehalten**

Wenn Ihnen diese Bewegung (»Was müssen Sie wie bewegen, damit ein U hörbar wird?«) klarer geworden ist, dann behalten Sie diese Einstellung auch im Einatmen bei. Atmen Sie also das U ein!

Spüren Sie, wo die Luft in Sie einströmt, und hören Sie in der Vorstellung das U, für das Sie ja schon eingestellt sind.

Beachten Sie, wie dies das U im Klang verstärkt, es deutlicher, klarer, lauter werden lässt.

Vom »A« zum »O«

Singen Sie einen Ton.

**Frag mich was
Leichteres!**

Was müssen Sie verändern, um vom A zum O zu kommen? Was bewegen? Und wie?

**Ein neues
Muster finden!**

Wechseln Sie dann von A nach O, ohne eines der Dinge zu tun, die Sie bisher getan haben. Finden Sie eine neue Art, ein O zu machen.

Wenn Sie so weit sind, finden Sie noch weitere Arten der Vokalbildung heraus, bis Sie fünf zur Auswahl haben.

Fragen zur Anregung:
● Müssen Sie Ihre Zunge dafür bewegen?
● Wenn ja: vorne (direkt hinter den Schneidezähnen) oder hinten?
● Verändern Sie Spannung oder Form der Lippen?
● Ist der Luft- und Klangfluss durch die Nase gleich?
● Verändern Sie etwas im Rachen?
● Was macht der Kiefer dafür?

Schreiben Sie eine Art Bedienungsanleitung, zum Beispiel ähnlich der für eine Stereoanlage: »Wie ich vom A zum O komme.« Es könnte auch eine wissenschaftliche Abhandlung sein wie:»Vom Unterschied des A und O.« Oder ein Brief an einen Freund ... Oder das große Vermächtnis eines Meisters ... Wählen Sie irgendeine Form, aber **schreiben Sie!**

Schreiben Sie auf: Was müssen Sie tun, bewegen, verändern, um aus dem A ein O zu machen? Schreiben Sie es so auf, dass jemand, der Ihre Schrift in tausend Jahren fände, diese vergessene Kunst des A und O, die seinerzeit jedermann fraglos beherrschte, erlernen könnte.

Das wird sie in einen meditativen Zustand versetzen, weil Sie der Dinge gewahr werden müssen, die normalerweise unbewusst ablaufen. Auf diese Weise werden Sie sich des Unbewussten bewusst.

Bedienungsanleitung, Gebet, wissenschaftliche Abhandlung ...

Das noch nie besehene Territorium

Keine Konsonanten!

Singen oder sprechen Sie ohne Konsonanten. Entweder ein Lied oder einen Text, den oder das Sie auswendig kennen oder ablesen.

Es dauert ein bisschen, bis Ihnen das gelingt (vielleicht zwei Minuten!), aber es lohnt sich! So können Sie die Bewegungen, die Resonanzräume und die charakteristischen klanglichen Unterschiede der Vokale kennenlernen und zugleich trainieren. Sie trainieren Ihre Fähigkeit, **im Sprechen oder Singen in den Klang hineinzuhören.**

Wenn Sie anschließend wieder »normal« sprechen oder singen, werden die Klangfarben und Vokale für Sie viel deutlicher sein. Oder was fällt Ihnen am meisten auf?

Auf diese Weise lernen, zwischen den Zeilen zu lauschen

Bild des Vokals

Machen Sie sich ein inneres Bild (oder malen Sie wirklich eines) von Ihrem Gesamtklang und dem Vokal darin.

Wie viel Platz nimmt er im ganzen Bild ein?

Welche Farbe hat er? Ist er bewegt? Welche Form hat er? (Siehe auch Seite 72)

Das Vibrato

Wellen im Klang

Singen oder summen Sie.
Achten Sie auf die Bewegung im Klang.
Eine Welle oder ein Pulsieren.
Was bewegt sich da eigentlich? Was wogt auf und ab?
Wie ist die Tonhöhe?
Wird der Klang lauter und leiser?
Achten Sie darauf und **finden Sie es heraus ...**
Ist es ein gleichbleibender Rhythmus?
Oder gibt es Momente, in denen der Klang schneller pulst ...
oder lauter ... zum Beispiel gegen Ende des Klangs ...

Der Puls der Stimme

Aus Angst vor einem »Leiern« und (ich habe keine Ahnung, woher das eigentlich kommt!) weil viele glauben, das gehöre da gar nicht in die Stimme hinein, wird oft versucht, diese

Bewegungen im Klang zu unterdrücken. Die gute Nachricht lautet: Man kann sie nicht vollständig unterdrücken! Trösten Sie sich: **Bewegung** gehört zum **Leben!**

- Es gibt ein »natürliches Vibrato«, das aufgrund von akustischen Gesetzmäßigkeiten entsteht und Ausdruck körperlicher Freiheit ist (siehe auch Kapitel 7, Seite 120, Ein Klangoptimum).
- Ein völlig gleichbleibender Reiz ermüdet das Gehirn.
- Die Tonhöhe eines vibratolosen Klangs ist schwerer zuzuordnen.
- Sind das erst einmal **genügend Argumente?**

Die Frequenz dieses Vibratos liegt zwischen 5 und 7 Schlägen pro Sekunde.

Alles in Bewegung

Experiment:

Sie benötigen dafür eine Stoppuhr oder eine mit Sekundenzeiger. Klopfen Sie mit einer Hand die Bewegung im Klang mit. Drei Sekunden lang. Zählen Sie die Anzahl der Schläge. Teilen Sie die Zahl durch drei.

Also, dann – noch einmal:
Wo können Sie diese Bewegungen in sich hören oder spüren?
Lassen Sie die Bewegung stärker werden und wieder abflachen
...

Wo laufen sie denn?

Verstärken der Bewegung

Sie hören keine Bewegung in Ihrem Klang?
Dann müssen wir sie eben vergrößern, bis sie für Sie wahrnehmbar wird!

Zittern, Beckenwippen, Kopfnicken

Das Vibrato herauskitzeln! Eine Bewegung im Klang lässt sich beispielsweise vergrößern, indem Sie sich schütteln oder zittern. Singen Sie und zittern Sie dabei (mit den Beinen, den Armen, dem ganzen Körper).

Sie können sich auch auf den Boden legen (Rückenlage), die Füße aufstellen und durch Druck der Füße gegen den Boden das Becken anheben oder kippen und wieder loslassen. Sobald diese Bewegung klappt, erhöhen Sie das Tempo – takatakata-kataka! Und singen Sie dabei.

Wenn nicht: Hören Sie _überhaupt_ etwas?!
Hören Sie jetzt etwas?

Und wie ist es, wenn Sie am oberen Ende der Wirbelsäule beginnen?

Liegen, Hände unterm Hinterkopf Legen Sie sich auf den Rücken. Falten Sie die Hände, und lassen Sie den Hinterkopf darin ruhen. Nicken Sie. Dabei bewegt sich der Hinterkopf in Ihren Händen und das Kinn kommt zeitweise näher zur Brust. Lassen Sie zugleich die **Nicken und Ellbogen** Ellbogen sich zur Decke empor bewegen und dann wieder _zurücksinken_.

Zusammen: Bewegung und Klang Summen oder singen Sie zu dieser Bewegung. Achten Sie darauf, dass die Ellbogen am Schluss jedesmal wieder ganz nach unten loslassen. Anschließend probieren Sie Folgendes:

Das Nicken schütteln Lassen Sie die Ellbogen sich weiterhin langsam bewegen, den Kopf aber sehr schnell – fast wie ein Kopfschütteln – nur diesmal eben als Kopfnicken.

Machen Sie immer wieder Pausen, in denen Sie die Arme neben den Körper legen, nachspüren und nachhören ...

In einem weiteren Schritt beginnen Sie mit dem Singen – ohne zu zittern, und lassen das Zittern dann kurz dazukommen. So haben Sie jedesmal einen »Vorher-nachher«-Vergleich.

Vorher-nachher-Vergleich

Vibrato und Gleichgewicht

Gleichgewicht, Balance, ist nichts Statisches – im Gegenteil: Da ist ständig die Bewegung um den Nullpunkt. Auch das Vibrato ist so eine **Bewegung um den Nullpunkt.**

Lassen Sie den Kopf hängen, so dass Sie den Nacken längen und entspannen können. Achten Sie wirklich darauf, den Kopf immer wieder loszulassen. Summen oder singen Sie.

Lassen Sie mal den Kopf hängen!

Verlagern Sie dabei im Laufe mehrerer Klänge das Gewicht stärker auf einen Fuß, und kehren Sie wieder zum Ausgangspunkt zurück.

Das bedeutet: Verlagern Sie das Gewicht langsam und stetig. Sie verlagern es so weit, dass Sie den anderen Fuß vom Boden lösen und anheben können ...

(Hören Sie auf die Bewegung im Klang!)

Das Gewicht auf einen Fuß bringen

... und den gehobenen Fuß dann um die Ferse des Standfußes herum bewegen, so dass die Zehen des drehenden Fußes den Knöchel des Standfußes außen berühren. Dort bleiben Sie für die nächsten fünf Klänge.

Alle Flamingos schlafen tief!

Lassen Sie den Kopf immer entspannter hängen, auch wenn's wackelig wird! Um das zu erreichen, heben Sie den Kopf (vorsichtig!) und senken ihn wieder. (Und achten Sie auf die Bewegung, die das in den Klang bringt!)

Kopf heben und senken

Lassen Sie den Mund im Heben sich öffnen.

Mund

Kehren Sie dann wieder mit beiden Füßen auf die Erde zurück, lassen Sie den Blick den Horizont finden und bemerken Sie

Und nun?! die Veränderungen in der Resonanz ... und wie der Klang jetzt durch das Standbein in die Erde fließt.

Vibrato im Singen und Sprechen

Auch hier bietet es sich für die Sprechstimme wieder an, mit gesungenen Klängen anzufangen, um später im Sprechen diese Phänomene in all den vielen Bewegungen differenzieren zu können (siehe auch Seite 77).

Bild des Vibratos

Ein Klangbild Machen Sie sich ein inneres Bild (oder malen Sie wirklich eines) von Ihrem Gesamtklang und dem Vibrato.

Wie viel Platz nimmt es im ganzen Bild ein?

Welche Farbe hat es? Ist es bewegt? Welche Form hat es? (Siehe auch Seite 72)

Hohe Frequenzen und Singformanten

Dieses ist ein ganz besonderes Klanggebiet. Es befindet sich ab 3000 Hz aufwärts. In der Regel sind dies relativ leise Klanganteile. Wenn es schon ungewohnt ist, überhaupt in den Klang hineinzuhören (ist es das?), dann handelt es sich nun um einen *sehr* merkwürdigen Bereich. **Grillen** beispielsweise zirpen hier. Zikaden. Und **Bienen**. (Stubenfliegen auch ...)

An dieser Stelle empfiehlt es sich, mehrere Dinge zu tun: Kreuzfahrt oder Überspringen?
Erstens – machen Sie die Übungen! Das ist das Wichtigste.
Dafür können Sie »zweitens« zunächst ruhig einmal überspringen: Denn **zweitens** lade ich Sie ein auf eine kleine Kreuzfahrt
zu den Ufern der Anfänge und Ursprünge ... vielleicht nicht
ganz so weit, aber zumindest bis in die Zeit, da wir noch im
Fruchtwasser planschten, schliefen ...
Sie bleiben?

In tiefer Nacht und grenzenlosem Dunkel schwebend wächst **Das Ohr: Tor zur Menschwerdung**
ein Embryo, ein Mensch. Seine Mama schlürft vielleicht gerade
Tee und plaudert am Telefon und, wenn zu diesem Zeitpunkt
schon vier Monate vorbei sind, dann wird die Plauderei erhört:
nicht nur von der besten Freundin am anderen Ende des
Drahtes, nein, auch von dem kleinen Drachen (der ja auch
an einem Draht hängt; oder war es ein Schlauch?; na, so etwas
Ähnliches jedenfalls). Denn das Auffälligste an diesem kleinen
Drachen sind seine Ohren. Für seine Körpergröße viel zu groß!
Diese Ohren! Die Ohren sind zu diesem Zeitpunkt schon voll
auf Empfang gestellt – und zu diesem Zeitpunkt gibt es noch
nicht einmal ein zentrales Nervensystem, weder ein Gehirn noch Augen – nein, voll da sind einzig und allein die
Ohren! Diese Ohren! Aber was hören die denn da drin,
schwebend in dunkler, tiefer Nacht? Murmelndes Glucksen,
meinen Sie vielleicht. Oder dunkles Brummen. Jedenfalls dunkel soll es sein, stimmt's? Falsch! **Hell** ist's da drinnen! Sehr
hell, **schillernd** und **glitzernd**, **funkelnd** und **zirpend**. Natürlich
nicht für die Augen, sondern für die Ohren!

Hohe Frequenzen: Der vergessene Klangstrom im innersten unseres Seins

In Wasser eingeschlossen und vom Wasser durchdrungen zu sein bedeutet: *Nur diese Anteile des Klangs werden durchgelassen* – und nicht nur das! Diese Aktivität des Hörens ist *die* treibende Kraft für die weitere Entwicklung des Nervensystems samt Gehirn und allem drum und dran. Hohe Frequenzen sind ein roter Faden in unserer Menschwerdung – die ein lebenslanger Prozess ist!

Die Funktion und Wirkung dieser Frequenzen ist enorm: Zu 90 Prozent sind sie an der **Energieaufladung des Gehirns** beteiligt. Sie sorgen für geistige **Wachheit**, Bewusstheit. Sie bringen den Körper in seine natürliche Aufrichtung und befreien so von festgehaltenen Emotionen.

Singformanten im hohen Frequenzbereich: um 3000Hz, 8000Hz, 5000Hz, 11000Hz und 14000Hz

Diese Frequenzbereiche sind immer noch vorhanden. Aber es bedarf einer gesteigerten Aufmerksamkeit, um sie zu entdecken. (Und das ist lernbar!) In besonderem Maße trifft dies auf die **Singformanten** zu. Dabei handelt es sich um Oberton*familien* im hohen Frequenzbereich. Das Besondere an ihnen ist, dass sie im Ohr selbst auf Resonanzräume treffen – und dort also verstärkt werden. Das bedeutet: Sie steigern das Energieniveau im Gehirn. Merkt man was davon? Aber klar! Das Ganze hat nämlich zur Folge, dass sich gewohnheitsmäßige Verspannungen im Körper lösen. Denn der Klang bringt den Körper »automatisch« in eine optimale Einstellung. Sie wird spürbar als gesteigerte Aufmerksamkeit und Leichtigkeit.

Stimmbad

Tja, und was ist mit dem kleinen Drachen? Ach ja, richtig, der kleine Drache verlässt ja irgendwann einmal seine Höhle. Jetzt erst macht er Bekanntschaft mit den Frequenzbereichen, die wir als Vokale und Grundton kennen – und die im allgemeinen Bewusstsein beinahe als einzige Klangbereiche beachtet werden. Die hohen Bereiche sind für viele aus dem Blick geraten. Doch in Kinderstimmen beispielsweise hört man sie. Im Grillenzirpen und bei Glöckchen und manchmal auch in Erwachsenenstimmen. Sie müssen nur lernen, sie zu hören. Und wenn Sie sich die Mühe machen, dann können auch Sie wieder in Ihrer eigenen Stimme baden.

Die folgenden Übungen helfen dabei, die hohen Bereiche wieder näher heranzurücken und sie zu erhellen. Sie bringen die Stimme zum Strahlen. Das Beste, was Ihnen passieren kann, ist, *neugierig* darauf zu sein und sich selbst auf den Weg zu machen. Und sollten Sie auch in einer anderen Sprache als dieser Wortsprache, nämlich in der Sprache des Ohres etwas davon hören wollen, dann sei Ihnen die bereits erwähnte CD (siehe Kapitel 7, Seite 136) ans Herz gelegt.

Viel Vergnügen bei Ihrer Entdeckungsreise.

Lob der Neugier!

Es gibt einige simple Möglichkeiten, die »hellen Frequenzen« in Ihren Klang hineinzumischen. Sie entstehen bei diesen Möglichkeiten zwar nicht an den Stimmlippen, sondern weiter oben im Nasen-Mundraum, doch sie stimulieren die Hör-Einstellung in die richtige Richtung (und fördern die Flexibilität des Mund-Nasen-Rachenraumes!). Demzufolge können diese Frequenzen im Folgenden auch im Stimmklang selbst besser wahrgenommen werden – und sich so **selbst verstärken** (siehe auch die beiden folgenden Abschnitte). In den weiteren Übungen geht es um diese Frequenzbereiche, so wie sie aus Ihrer Stimmlippenbewegung resultieren.

Ssssuppe

Machen Sie ein »s« wie in Ssssuppe. Mit geschlossenen Lippen, durch die ein wenig Luft entweicht. Dazu Stimme. Verschließen Sie die Ohren mit den Fingern, und zwar so: Fahren Sie mit

»ssss«, geschlossene Lippen

Ohren von außen schließen, von innen hören

den Zeigefingern an den Wangenknochen entlang nach hinten. Bevor die Fingerspitzen ins Ohr fallen, gibt es da so eine Art Kissen der Ohrmuschel, das sie mit sanftem Druck auf den Gehörgang drücken können (siehe auch Kapitel 1, Seite 31).

Das geht ins Ohr!

Summen Sie sehr leise.

Wenn Sie auch nur leicht die Zungenspitze bewegen, ergeben sich völlig unterschiedliche Zisch- und Sirrlaute. **Einige wandern direkt ins Ohr**. Stellen Sie sich auf diese ein.

Lippen öffnen

Klänge wiederfinden

Beginnen Sie so wie eben, lassen Sie dann die Zunge los und den Mund aufgehen, und finden Sie diese Frequenzen in Ihrer Stimme wieder.

Die Frequenzen schwingen immer noch innen im Ohr.

Lösen Sie dann während des Singens die Zeigefinger.

Benutzen Sie nun die Hände wie beschrieben im Kapitel 3, Seite 61. Ihre Hände leiten diese Frequenzen von außen ans Ohr.

 Geduld! Das Ohr denkt zunächst, diese Frequenzen seien gar nicht mehr da, weil sie nun viel leiser sind: Es benötigt Zeit, um sich auf die neue Lautstärke einzustellen, so wie das Auge beim Wechsel von Hell nach Dunkel und umgekehrt Zeit braucht ...

Variation: Das Gleiche können Sie mit dem Bereich der Zunge hinter der Spitze machen. Das ergibt ein anderes Frequenzfeld.

Naseputzen, Schnarchen

Etwas stellt sich in den Luftfluss

Atmen Sie mit geschlossenem Mund, so dass durch die Lippen keine Luft fließt. Lassen Sie das Ausatmen dann geräuschvoll werden, indem Sie so etwas Ähnliches tun wie beim Naseputzen. Sie werden bemerken, dass dann weniger Luft entweichen kann.

Regeln Sie den Luftfluss dann von ganz offen über drei Viertel offen nach halb geschlossen, bis fast ganz und schließlich ganz geschlossen.(Sie können nun nicht weiter ausatmen.) **Frei regulier- barer Durchlass**

Verschließen Sie dann mit Ihren Fingern die Ohren, so dass Sie innen hören können, und lassen Sie im Ausatmen ein kontinuierliches Luftgeräusch hörbar werden. Prüfen Sie, ob Sie die Zunge dabei unbeteiligt lassen können. Sie braucht sich dafür nicht gegen den Gaumen zu drücken. Lassen Sie dann einen Klang dazukommen. Dazukommen! Also Luftgeräusch und Stimmklang **zugleich!** **Geräuschschub und Stimmklang**

Wenn das gut klappt, **variieren** Sie den Gesamtdurchfluss von Luft und Stimmklang durch die Nase fließend von ganz zu (keine Luft entweicht, kein Klang) über die Mitteleinstellungen zu ganz auf und zurück. **Fließende Übergänge**

Wenn das wiederum gut klappt, verändern Sie das Verhältnis von Luft und Stimme zueinander. Manchmal hört man fast nur Luftgeräusche und ganz wenig Stimme darin, manchmal beides gleichbeteiligt, manchmal mehr Stimme als Luft.

Versuchen Sie all das dann auf **verschiedenen Tonhöhen!**

Achten Sie darauf, wie viel Klang jetzt von innen zu Ihrem Ohr gelangt. Hören Sie auf das insektenähnliche Sirren ...

Lassen Sie nun den Mund sich öffnen und Luft und Klang sowohl durch die Nase als auch durch den Mund entweichen. **Mund öffnen**

Hören Sie noch die Insekten innen, wenn Sie den Mund öffnen? Nehmen Sie auch die Finger vom Ohr, wenn Sie den Mund öffnen. **Finger weg!**

Um noch stärker zu verdeutlichen, um welche Bewegung es geht: So, wie beim Untertauchen in der Badewanne oder im

Schwimmbad oder Meer (die Variante, bei der Sie nicht mit der Hand die Nase von außen zukneifen!).

Randbemerkung: Beachten Sie die **Veränderung** des Stimmvolumens und der **Räumlichkeit** des Klangs, die einsetzt, wenn Sie den Luftfluss durch Nase und Mund zu regeln lernen beginnen!

Die Veränderung des Nasen-Rachenraums gleicht dem Unterschied, ob Sie in einem schalltoten Raum oder in einer Kathedrale singen: Die Architektur, also die Form des Klangraums und seine Flexibilität (sich minimal verändern zu können), bewirkt Resonanzphänomene. Schallwellen überlagern sich in diesem Fall so, dass sie gemeinsam wachsen und also von selbst lauter werden.

Siehe auch Kapitel 3!

Die größere Körper- und Wahrnehmungsflexibilität, die aus allen Übungen resultieren, geben die Freiheit, sich immer feiner einstimmen zu können, also mehr und mehr Resonanz erfahren und nutzen zu können.

Die Klorolle

Knisterfolie

Eine geniale Erfindung meines Lehrers Franziskus Rohmert: Sie benötigen dafür eine Röhre mit einer Membrane. Sehr geeignet ist dafür das Pappstück einer Klo- oder Küchenpapierrolle. Als Membrane eignen sich Butterbrotpapier oder ein Stück Plastikfolie. (Wichtig bei der Folie: Sie muss knistern! Frischhaltefolie beispielsweise ist ungeeignet. Die dünnen Plastiktragetaschen funktionieren dagegen gut.)

Verschließen Sie mit der Membrane ein Ende der Rolle und befestigen Sie sie mit dem Gummiband.

Singen Sie einige Male einfach so.
Wie klingt das jetzt?
Wie laut werden Sie problemlos? Wie voll klingt es? Wie groß
ist Ihr Spielraum in die Tiefen und in die Höhen? Wie klingt
der Vokal?

Siehe Kapitel 6
»Qualitäten«,
Seite 113

Beginnen Sie nun erneut damit, einfach so zu singen, und
führen Sie nach einer Weile die Rolle an den Mund. Die Rolle
soll den Mund ganz umschließen, **an den Seiten darf keine
Luft entweichen.**
Nun kommt plötzlich kein Ton mehr?
Na, finden Sie einen Weg! Es darf an der Seite keine Luft
entweichen, Luft strömt durch die Lippen in die Klorolle, und
Sie werden sehen: Sie können trotzdem singen. (In Seminaren
und Einzelstunden ist das immer *die* Lachnummer!)
Sobald Sie den Bogen raushaben, lassen Sie es vorne schnarren.
Es ist möglich, dass **die Membrane vorne** mitvibriert. Das klingt
wie eine Fliege, kann aber auch nach Biene oder Grille oder
Zikade klingen ... (wirklich!). Jedenfalls wie ein Insekt.

Haben Sie eine Tonhöhe und Lautstärke gefunden, auf der das
Sirren fast gleichbleibend zu hören ist, dann nehmen Sie ab
und zu die Klorolle ganz vom Mund weg und hören sich
diesen Klang jetzt an!
Erinnern Sie sich an das Geräusch der Membrane, und finden
Sie es im Klang ohne Rolle wieder! Es ist noch da ...

Singen Sie noch einmal mit Klorolle, lassen Sie es Sirren und
jetzt das **Sirren lauter** werden. Einige Male.
Fangen Sie jedesmal leise an, und werden Sie erst dann lauter.
Merken Sie, wie leicht das geht, wenn Sie sich an den Insekten
orientieren?

Folgen Sie dem
Insekt!

Das Geräusch ist möglicherweise zunächst wieder nicht zu hören, **weil es etwas weniger laut ist,** als mit Membrane (die als Verstärker dafür wirkt). **So braucht das Ohr einige Zeit,** um sich darauf einstellen zu können.

Sobald dies für eine bestimmte Tonhöhe und Lautstärke möglich ist, variieren Sie von dort aus die **Lautstärke** nach oben und nach unten **und wieder zur Ausgangslage** zurück (**orientieren** Sie sich an den **Insekten**!). Lassen Sie das Sirren immer dabei sein.

Der Ton kommt und geht und ... Bewegen Sie sich in der **Tonhöhe** um die gegenwärtige herum – immer mit Insekten! Schauen Sie, wie weit Sie damit kommen – das heißt: Bis zu welcher Tonhöhe oder -tiefe bleibt das Schnarren bestehen?

Verändern Sie den **Vokal** – bei manchen wird das Insekten-geräusch lauter, bei anderen verschwindet es vielleicht ganz: Lassen Sie es kontinuierlich da sein!

(Sie können auch **ganze Lieder** damit bearbeiten, indem Sie sie in die Rolle singen – lassen Sie es immer vorne schnar-ren/sirren!)

Zunge, Biene

Zunge, Zähne Fühlen Sie die Zungenspitze von innen.

Berührt sie die Zähne? Welche? Die obere oder die untere Zahnreihe ... oder beide zugleich?

Lassen Sie nun die Zungenspitze an der Rückseite der Schnei-dezähne entlang über das Zahnfleisch zum Gaumen wandern

Zunge wandert ... und dort immer weiter in Richtung nach hinten und oben. Schauen Sie, wie weit Sie ohne Mühe nach hinten zum weichen Gaumen kommen.

Bleiben Sie dort, und entspannen Sie das Gesicht, die Augen ... machen Sie es sich in dieser Position bequem.

Die Zunge braucht nur halb so viel Spannung, und die Spitze bleibt trotzdem da hinten oben am Gaumen. Auch der Teil der Zunge, der zwischen den Backenzähnen, die hintere Zunge, kann nun immer weicher werden. Summen Sie dabei. Lassen Sie sich Zeit ...

Summen

Kämmen Sie gedanklich Ihren Körper auf überflüssige Spannung hin durch, und lassen Sie sie entweichen, während Sie weiter summen ...

Irgendwann werden Sie vielleicht mitten im Kopf, im Nacken und in den Ohren das Summen einer Biene (oder vielleicht eines ganzen Bienenschwarms!) hören können.

Eines schönen Tages ...

Varianten: Beginnen Sie jedesmal so laut wie bisher und werden Sie dann **leiser**. Dimmer! So leise, dass Sie die Bienen gerade noch wahrnehmen können. Dann beginnen Sie erneut in der Anfangslautstärke und werden noch leiser ... So können die Bienen auch bei immer geringerer Lautstärke noch bei Ihnen sein ...

Wechseln Sie gleitend die **Tonhöhe:** Sind die Bienen ohne Unterbrechung da? Werden sie leiser, indem Sie höher singen? Oder beim Tieferwerden?

Glissando

Gleiten Sie so durch die Tonhöhen, dass die Bienen immer hörbar sind.

Lassen Sie dann die **Bienen lauter** werden.
Wenn das klappt, lassen Sie im Lauterwerden die **Lippen** sich **öffnen**.

Beginnen Sie erneut mit geschlossenen Lippen: Lassen Sie im Lauterwerden die Lippen sich öffnen und die **Zunge** sich vom Gaumen **lösen**.

Vokal

Dieser Klang hat die Neigung, sich über das Skelettsystem in den ganzen Körper auszubreiten und den Schädel auszufüllen.

Die Wand

Wo hören Sie auf, wo beginnt »der Raum«?

Der Raum, dessen Teil wir sind, reflektiert unseren Schall. Auf den Raum zu hören heißt also, auf uns selbst zu hören. Das Folgende ist eine Variante der Übung aus Kapitel 3, Seite 61, die sich zum Verstärken der hohen Frequenzbereiche manchmal noch besser eignet:

Nah an einer Wand. (Rauhfaser, Glas oder Stein) Abstand und Neigung verändern: Andere Frequenzen werden verstärkt

Stehen Sie so an einer Wand, dass die Fußspitzen sie beinahe berühren. Singen Sie. Hören Sie auf das, was Ihnen die Wand zurückgibt.
Indem Sie nun minimal 1. den Abstand zur Wand und 2. die Neigung des Kopfes verändern, verändern Sie das »Feedback«. Dafür genügt es, leicht aus den Sprunggelenken heraus den ganzen Körper schwanken zu lassen.

An manchen Punkten bekommen Sie besonders viel von der Wand zurück ...
Der Vokal wird klarer, heller, der Aufwand, den Klang zu produzieren, reduziert sich, und er wird zugleich voluminöser ... probieren Sie es auch mit geschlossenen Augen.

Mit welchen Räumen in Ihnen stehen diese Frequenzen in Kontakt?

Wo können Sie diese **Frequenzen**, die Ihnen von der Wand zurückgeworfen werden, in sich **spüren** oder **hören**?

Drehen Sie sich dann langsam von der Wand weg ... bis Sie schließlich wieder dem Raum zugewandt sind: Können Sie diese Frequenzen, die zuvor zwischen Nase, Stimmlippen und

der Wand zirkulierten, auch hier wiederfinden? (Das braucht
vielleicht ein wenig Zeit, weil sie nicht mehr auf dieselbe
Weise von der Wand reflektiert werden.)
Drehen Sie hin und her, und schauen Sie, wie viel Sie davon
wiederfinden können oder behalten ...

*Wie auf einer
Reise: Wir fahren
woanders hin, um
nachher das
Bekannte mit
neuen Augen
sehen zu können*

Bild des hellen Bereichs

Machen Sie sich ein inneres Bild (oder malen Sie wirklich
eines) von Ihrem Gesamtklang und dem hellen Bereich darin.

Wie viel Platz nimmt er im ganzen Bild ein?

Welche Farbe hat er? Ist er bewegt? Welche Form hat er?
(Siehe auch Seite 72)

Weiterführender Hinweis zu diesem Kapitel:
Wer noch mehr wissen möchte ...
Zur Evolution des Ohres und der Zusammenhänge von Hören
und Stimme lässt sich einiges nachlesen in: Alfred Tomatis,
Der Klang des Lebens (Reinbek b. Hmbg. 1992).
Unter anderem in Fortführung der Arbeit von Tomatis wurden
im Lichtenberger Institut die weiteren Singformanten gefunden
und eine Stimmpädagogik entwickelt, die auch hier eine Rolle
spielt (siehe auch Seite 120ff.) und auch nachzulesen in: Gisela
Rohmert: Der Sänger auf dem Weg zum Klang (Köln 1992).
Zum Thema »Hohe Frequenzen und Singformanten hören«
siehe auch den Hinweis auf die CD in Kapitel 7, Seite 136.

*Was noch zu
sagen wäre ...*

Kapitel 5

Alles nicht so ernst nehmen

Vom Segen der freien Aufmerksamkeit

Zu den hier folgenden Übungen gehört auch, dass man nicht zu viele Worte über sie verliert. Fangen wir also gleich an!

In diesem Kapitel geht's um folgende Themen:
Spiegelübung.
Koan.
Der leere Raum.
Freie Aufmerksamkeit

Spiegelübung

Schauen Sie sich in einem Spiegel an.
Beschreiben Sie sich innerlich, was Sie sehen.
Achtung! **Beschreiben** Sie bitte!
So etwas wie: »Tja, also, hässliche Nase ...« ist keine Beschreibung, sondern eine Bewertung!
Wenn Sie sich bei solchen Bewertungen ertappen, dann bewerten Sie das wiederum nicht, sondern fahren Sie fort, zu beschreiben.

Eine Filmleinwand ist praktischerweise weiß – dann erlaubt sie allen Farben, darauf sichtbar zu werden

(Es ist gut möglich, dass das nicht leicht fällt, weil wir es gewohnt sind, diese Ebenen ständig zu vermischen. Machen Sie sich nichts draus! Betrachten Sie das Ganze als ein Spiel, und spielen Sie es nur so lange, wie Sie möchten!)

Innerlich beschreiben, was Sie sehen ...

Sagen Sie sich also innerlich, was Sie sehen und auch, was Sie dabei fühlen.

... und was fühlen Sie dort?

Machen Sie diese Beschreibung spaßeshalber sehr sachlich und mit zynischer Stimme. Wie Sie merken, bringt Sie das nicht weiter ... Erinnern Sie sich aber vielleicht einmal an den Blick, mit dem Sie ein Baby anschauen – da spiegeln Ihre Augen die offene Weise des Gesichts, das Sie betrachten. Grenzenlos, ohne negative Wertung ... **Dieses Schauen** meine ich!

Lassen Sie die Aufmerksamkeit einen Moment lang abschweifen ... Gönnen Sie sich diese kurzen Pausen, die Sie zum Verarbeiten brauchen ... (»Verarbeiten ...? Ich träume doch nur ... oder denke an gar nichts ...«) Ausgezeichnet! Genau das ist gemeint!

Wie weit ist das Kinn von der Brust entfernt? Möglicherweise ist der Kopf geneigt oder gedreht. Oder beides zusammen. In welche Richtung?

Es ist nicht schlimm, ob das eine oder andere zutrifft oder nicht. Wichtig ist, dass Sie einfach nur beschreiben, was Sie sehen, und dabei weiteratmen. Sie atmen doch ...?

Beschreiben Sie die Atembewegung, soweit Sie sie sehen können. Möglicherweise können Sie etwas vom Atem sehen, das Sie, erst nachdem Sie es sehen, auch zu fühlen beginnen ... beispielsweise eine leichte Bewegung der Schultern.

Innen und außen zugleich

Wenn Sie jetzt ein wenig herumgehen, bemerken Sie Ihre veränderte Wahrnehmung. Viele Leute stellen überrascht fest, dass Sie **sich selbst und ihre Umgebung zugleich wahrnehmen** können ...

Vielleicht hören Sie ein wenig dem Geräuschkonzert zu, das um Sie herum schon die ganze Zeit stattfindet. Der zeitgenössische Komponist John Cage antwortete auf die Frage, was Musik sei: »Wenn ich anfange, zuzuhören.«

Kommen Sie mit all diesen wunderbaren Erfahrungen noch einmal zu Ihrem wunderbaren Spiegelbild zurück: Schauen Sie, wie es jetzt aussieht und sich anfühlt, und singen Sie einen Ton, ohne dabei irgendetwas von dem, was Sie sehen, zu verändern. Ist das möglich? War es Ihnen dieses Mal möglich? Machen Sie danach eine Pause, um nachzuspüren.

Einen Ton tun, ohne etwas zu tun!

Beobachten Sie und fühlen Sie Ihre Atembewegung, Ihr Gesicht, und singen Sie jetzt jedoch nur in der Vorstellung. Singen Sie innerlich ganze Arien, derbe Lieder, Melodien, die Sie mögen, während Sie sehen können, wie Sie ganz einfach weiteratmen und ein etwas belustigter Ausdruck in Ihren Augen zum Vorschein kommt ... übers ganze Gesicht huscht. (Ist es ein *sehr* kitschiges Lied? Welche Klangvorstellung lässt Sie erröten, welche Ihre Augen aufleuchten?)

Achten Sie jetzt darauf, ob Sie die Übung ein wenig leichter umsetzen können ...

■ **Pause** ■

Singen Sie danach **tatsächlich** – und zwar so, dass Sie Mundwinkel und Augen im Übergang vom Nichts-Tun zum Singen **nicht zu verändern brauchen.**

Noch ein Ton ohne Tun

Beachten Sie auch den Abstand vom Kinn zur Brust und die Atembewegung sowie die Position Ihres Kopfes.

Es kann sein, dass Ihnen das leichtfällt – aber es kann auch eine Heidenarbeit sein, all das Überflüssige nicht zu tun. (Was eigentlich äußerst merkwürdig ist ...)

Machen Sie immer wieder Pausen.
Und wenn Sie erneut beginnen, dann wiederum mit diesem Humor in den Augen und damit, nur zu schauen, zu atmen und zu fühlen.
Manche Tonlagen fallen Ihnen dabei vielleicht leichter als andere.
Wenn Gestik und Mimik gar nicht notwendig sind – was macht dann eigentlich den Klang aus?
Wo beginnt er?

 Was macht den Klang, wenn nicht das Hochziehen der Augenbrauen, das Zusammenkneifen der Augenlider, wenn nicht das In-den-Nacken-Werfen des Kopfes oder zumindest das Versteifen der Schultern?

Irgendwo drinnen tun Sie etwas, eine minimale Bewegung, die entscheidet, ob Sie heiße Luft machen – oder ob ein Ton kommt.

Luftstrom mit Klanginseln Um das zu untersuchen, setzen Sie in den Luftstrom ein Papierschiffchen (ich meine einen Ton) und heben es wieder heraus ... das heißt: Sie beginnen damit, tonlos auszuatmen, mischen dann kurz den Ton dazu, nehmen ihn wieder heraus und atmen die restliche Luft weiter tonlos aus.

Weich auf den Luftstrom setzen Sie können nun vielleicht etwas genauer fühlen, wo Sie tatsächlich etwas bewegen, damit aus bloßem Odem ein Ton wird ...

... eintauchen ... *Noch klarer* wird dies, wenn Sie das mehrere Male schnell hintereinander tun. Lassen Sie die Luft aber auch dann weiterströmen, wenn gerade kein Ton zu hören ist. Und mit jedem Male können Sie den Ton weicher auf den Luftstrom setzen, weniger abrupt oder eckig ...

Dimmervariation:

Lassen Sie über den gesamten Zeitraum des Ausatmens den Ton dazukommen: Ganz im Anfang nur Luft, dann viel Luft mit sehr wenig Klang, dann etwas mehr Klang, aber noch sehr viel Luft, bis Sie schließlich die gesamte Luftmenge in Klang umgewandelt haben.

(Das Einatmen nicht vergessen!)

So wird der Unterschied zwischen ausschließlich atmen, etwas sagen oder singen immer geringer, die Schwelle immer flacher ...

Dimmer, siehe auch Seite 68

Variante für Perfektionisten:

Wenn es darum geht, möglichst nichts zu verändern, um einen Ton zu machen, dann ist das etwas Tolles für Perfektionisten! Da hat sich doch noch was bewegt! Ich habe es nicht gut gemacht! Und der Nasenflügel, was macht denn der da! Oh je, oh je!

Nun gut! Seien wir also perfektionistisch – perfekte Dilettanten! Schneiden Sie sich Gesichter und machen Sie die entsprechenden Klänge und Geräusche dazu: besonders solche, bei denen Sie sich lächerlich vorkommen oder übertrieben: Obszöne Gesichter, hässliche Fratzen; stöhnen, brüllen Sie aus dem Spiegel ... jammern Sie erbarmungswürdig – übertreiben Sie alles!

Doch Vorsicht! Einige Ausdrücke werden Ihnen richtig Spaß machen ...

Wenn Sie sich ausgetobt haben, schauen Sie sich an: diese Ruhe in Ihrem Gesicht. Eine belebte Ruhe! Eine gefährliche Ruhe! Da lauert Bereitschaft! So ist es gut! Machen Sie die Spiegelübung das nächste Mal **mit dieser Einstellung!**

Spaß? Freude? Vergnügen? Aber ich wollte doch nur ernsthaft etwas lernen!

Koan

Ein Koan ist ein »Rätsel«, das ein Schüler des ZEN-Buddhismus zu knacken hat. Er knackt entweder sich selbst dabei oder »es« knackt. Wer weiß das schon. Ein Koan kann jedenfalls nicht durch Nachdenken gelöst werden. Das hat es mit den Übungen in diesem Buch gemein: Nicht die Antwort sagen können, sondern Wege zu bahnen ist das Wichtige. Ein Koan ist eine wirkliche Lebensaufgabe.

Das Skelett-system sich selbst organisieren lassen

Hier ein »Körper-Koan« für Sie und Ihre Stimmentwicklung: Sitzen Sie auf einem Stuhl, die Ellbogen auf den Knien abgestützt und lassen Sie den Kopf hängen. Finden Sie die Position, in der Sie **ohne sich irgendwo festzuhalten**, stundenlang bleiben können. Summen Sie dabei.
Lassen Sie sich jedesmal mindestens eine halbe Stunde Zeit.

Der leere Raum (visuelle Koan-Variante)

Stille ermöglicht jeden Klang – und jeder Klang mündet in Stille

Nehmen Sie Ihr Gesichtsfeld wahr. Es gibt dort »Gegenstände« wie Tische, Blumen oder Menschen vielleicht, also »Dinge«. Achten Sie jetzt nur auf die Zwischenräume. Wenn Sie beispielsweise eine Pflanze anschauen, dann betrachten Sie nicht die Blätter, Stengel und so weiter, sondern schauen Sie nur auf die Zwischenräume und die umgebenden Räume! Summen oder singen Sie dabei. Indem Sie immer wieder zum leeren Raum zurückkehren, ermöglichen Sie es dem Klang, sich aus sich selbst heraus zu entwickeln. »Schau deine Hand an. Bemerke das, was zwischen deinen Fingern ist. Deine Hand wird vergehen. Die Leere aber wird bleiben. Die Leere bringt alles hervor.«

Freie Aufmerksamkeit

Wie Sie in den vorangegangenen Übungen feststellen konnten, haben **Wahrnehmungen** mit **Meinungen** zunächst einmal gar nichts zu tun. Wenn wir unsere Konstruktionen von Meinungen und Erwartungen verlassen, finden wir uns plötzlich in einem sehr weitläufigen, grenzfreien Gebiet wieder. Das ist das Feld des Wahrnehmens. Alles findet hier statt.

In unseren Meinungen sind Dinge zusammengefasst, die gar nicht unbedingt zusammengehören: Das Meer ist schön oder angsteinflößend. Regen ist schlechtes Wetter. Ein Regal schief an der Wand anzubringen heißt, handwerklich unbegabt zu sein. Wenn mich jemand anlächelt, will er/sie mich entweder heiraten oder etwas verkaufen – je nachdem, womit ich die Wahrnehmung »Lächeln« verbinde. Diese Verbindungen stelle ich selber her. Oft scheint es uns, als seien sie Tatsachen. Bei anderen dann können wir leicht beobachten, dass dies nicht der Fall ist. Bei uns selber diesen Vorgang zu entdecken, ist ebenfalls möglich. Und nützlich. Die Dinge neu zu verbinden heißt, sie neu sehen zu können. Heißt das auch, anders reagieren zu können, frei zu sein?

Eine Rose ist eine Rose ist eine Rose ...

In allen Übungen des Buches geht es unter anderem darum, die Ebene der Worte und einschränkenden Meinungen zu verlassen und **einzutauchen ins Meer des Wahrnehmens.** Wenn ich *meine*, dass eine Heiserkeit eine Woche andauert, dann werde ich nichts tun, um sie möglicherweise sofort zu beenden.

Wahrnehmen statt »Ich meine«

Wenn ich *meine*, man sei zum Singen geboren oder nicht, dann hat das Konsequenzen. Wenn ich *meine*, ich sei ein Fühl-Mensch, dann halte ich gar nicht erst Ausschau nach den Bildern, die mir zur Verfügung stehen. Und so weiter.

Vorurteilsfreies Schauen erleben wir bei Neugeborenen. Aber **auch bei uns selbst oft genug**. Wenn Sie darauf achten, was Sie den ganzen Tag so treiben, werden Sie bemerken, dass Sie keineswegs ununterbrochen mit Entscheidungen oder Handlungen beschäftigt sind. Hellwach und traumartig wechseln sich ständig ab. Nur in dem Moment, da Sie sich Sorgen machen, haben Sie Sorgen. Aber Sie werden es nicht schaffen, auch nur eine halbe Stunde lang ununterbrochen besorgt zu sein (schlechte Nachrichten für Sorgenkinder!), wetten? Denn Sie können nicht ununterbrochen an etwas denken (schon gar nicht an dasselbe). Ständig gibt es Pausen, in denen gar nichts passiert.

Ständig gibt es Momente, in denen **die Aufmerksamkeit** gar **nicht gebunden** ist: Das sind einige »Gipfelerlebnisse« und – unzählige alltägliche Momente. Der Unterschied besteht vielleicht darin, dass wir in einem Gipfelmoment hellwach sind, in den unzähligen alltäglichen eher traumwandlerisch. Die Grenzenlosigkeit und Leere oder Ungebundenheit jedoch ist dieselbe: Man denkt nichts Bestimmtes, hat nichts vor, ist mit nichts beschäftigt ... Sie kennen diesen Zustand zeitweilig bei längeren Autofahrten oder wenn Sie von einer Lektüre aufblicken ...

In diesem kurzen Kapitel ging es um solch eine ziellose, ungerichtete Aufmerksamkeit – darum, jene Dinge, die sich uns ins Blickfeld schieben, zu betrachten und auch wieder ziehen zu lassen. Es ging darum, wahrzunehmen, wie wir das Wahrnehmen vermeiden wollen – und auch das geschehen zu lassen.

Experiment: Versuchen Sie, 5 Minuten lang ununterbrochen zu denken: »So ein Sauwetter!«

Auf diese Weise gesellt sich nach und nach ganz anderes in den Vordergrund, als das, was wir gewohnt sind.

Erwarten Sie nichts von den Übungen. (Und versprechen Sie sich auch nichts davon, nichts zu erwarten! Ich zum Beispiel erwarte jetzt eine halbe Stunde lang nichts – mal sehen, was dabei herauskommt ...)

Seien Sie offen dafür, dass vielleicht nichts oder nichts Interessantes oder nichts Angenehmes dabei herauskommt – ansonsten forcieren Sie Ihre Wahrnehmungen wieder nur in eine Richtung. Und wenn Sie genau das gerade tun: **Nehmen Sie's einfach zur Kenntnis.**

Wenn Sie einen schönen Himmel sehen, dann haben Sie schon mehr getan, als nur wahrzunehmen: Sie haben auch bewertet. Wenn Sie jedoch bemerken, dass Sie das Blau und Weiß des Himmels **schön** finden, dann können Sie es dabei belassen: denn das ist einfaches Wahrnehmen!

Blau ist blau ist blau ist ...

Kapitel 6

Treppensteigen rückwärts

Auf neuen Wegen Neues lernen –
Selber üben leicht gemacht

Die Kernfrage lautet: Wodurch lerne ich etwas Neues? Nehmen wir ein Beispiel: Eine Treppe, die Sie schon tausendmal rauf- und runtergelaufen sind – wie viele Stufen hat sie? Sie werden es nicht wissen, sofern Sie nicht **einmal darauf geachtet haben** – also im Kontakt mit sich waren, mit dem, was Sie und Ihre Umwelt tun.
Daraus ergibt sich die nächste Frage, und nun haben wir uns bereits mit Riesenschritten konkretem Tun genähert: Wie komme ich in Kontakt? Eine Antwort lautet:

In diesem Kapitel geht's um: **Aufmerksamkeit, Wahrnehmung, Ungewohntes, um laut und leise, Sinnlichkeit und noch viel mehr ...**

Fragen

Hervorragend dafür geeignet sind beispielsweise Fragen, auf die Sie noch keine (gewohnheitsmäßige) Antwort haben, weil Sie auf den Sachverhalt noch nie aufmerksam wurden. Um diese Fragen zu beantworten, müssen Sie **Ihrer Wahrnehmun-**

gen **gewahr werden** (im Beispiel der Treppe sind es Ihre Schritte).

Viele Fragen in diesem Buch haben diese Funktion. (Somit sind sie »Hinweisschilder zu Ihrer Wirklichkeit«.)

Ungewohntes Tun

Gehen Sie fünf Minuten lang rückwärts umher (Treppensteigen ist dafür sehr gut geeignet!).

Lob des Ungewohnten Sie mobilisieren dafür all Ihre Wachheit und Sensibilität, weil Sie **noch kein automatisiertes Programm** für das Ungewohnte haben: So entstehen völlig neue Bahnen in Ihrem neuralen Netz, in Ihrem Gehirn. Sie müssen nicht erst »Haarsträubendes« tun (z.B. den höchsten Berg auf Stelzen besteigen), um diesen Nervenkitzel (ein treffendes Wort!) zu erleben und sich an die Grenzen des (bisher) Menschenmöglichen vorzutasten. Dafür reicht es aus, wenn Sie etwas ganz Alltägliches auf neue Weise tun: Falls Sie das »O« bislang immer mit gerundeten Lippen sangen oder sprachen – dann tun Sie es jetzt einmal ohne! Dafür müssen Sie eine ganz neue Art der Vokalbildung finden, und wenn Sie das geschafft haben: Gratulation! Und: Finden Sie noch eine andere Art, das »Gleiche« zu tun.

Tun Sie alles, nur nicht das Gewohnte. Zum Beispiel einfach nichts tun: Unterbrechen Sie in Ihrer Wachzeit am Tag alle zwei Stunden das, was Sie gerade tun, für eine Minute ...

Verlangsamung

Der Sinn der Automatisierung liegt darin, etwas ohne nachzu-
denken und in hohem Tempo tun zu können. Der Nachteil:
In dieser Geschwindigkeit können Sie sich Ihres Tuns und
seiner Qualität nicht gewahr werden und also auch nicht **in
den Lauf der Dinge** verändernd **eingreifen**.
Deshalb ist die Verlangsamung wichtig für das Lernen.

Achten Sie auf Neues!

Es verhält sich ähnlich wie beim ungewohnten Tun, mit einem **Den Fokus**
Unterschied: Sie tun etwas Gewohntes ganz normal – achten **verschieben**
dabei aber auf einen ungewöhnlichen Aspekt – zum Beispiel
auf Ihr peripheres Gesichtsfeld, während Sie lesen, sprechen
oder musizieren. Wechseln Sie dann hin und her zwischen
dem Bereich, in dem Sie fokussieren (zum Beispiel lesen
können), und dem viel größeren unscharfen Rand.

Pausen

Sie sind notwendig, um **der Veränderungen gewahr werden** **Abschalten**
zu können.
Wie bereits im letzten Kapitel erwähnt, können Sie nicht
ununterbrochen nur auf eine einzige Sache aufmerksam sein.
Eine der Hauptentwicklerinnen der Funktionalen Stimmentwicklung, Gisela Rohmert, sagte Ihren Schülern: »Übt nicht

den ganzen Tag eure Arien! Macht nur einen Klang – dem aber hört auch wirklich zu!«

Wahrnehmungen und Worte

Es gibt noch weitere gute Gründe für die Pausen, die Sie nicht einlegen, weil Sie befürchten, ansonsten Ihr Pensum nicht schaffen zu können. Doch das Gegenteil ist der Fall: Angemessene Pausen lassen Sie selbst über einen längeren Zeitraum leistungsfähig bleiben.

Was hat sich verändert? Pausen geben Ihnen darüber hinaus auch die Chance, die verbale Ebene (jene Ebene, die die meisten Menschen größtenteils für ihre ausschließliche Identität halten!) mit der **Wahrnehmungsebene** zu verknüpfen (siehe auch Seite 109f., 113f.).

Immer leiser – immer weniger Kraft

Die Information steigt exponentiell mit abnehmender Reizstärke. Wie bitte?!

Je weniger Kraft, desto mehr kriegen Sie mit! Und zwar viel, viel mehr! Beispiel: Sie tragen einen bleischweren Koffer über kilometerlange Bahnsteige ... da ist es Ihnen egal, ob jemand noch einen 20-Gramm-Standardbrief drauflegt oder nicht. Besonders deshalb, weil Sie es gar nicht bemerken können. Wenn Sie schon sehr viel Kraft für etwas einsetzen, dann muss der *Der kleine Unterschied* Unterschied auch sehr groß sein, bis Sie ihn überhaupt bemerken. Oder denken Sie an die Punkte, aus denen ein Foto in einer Zeitung besteht: Je kleiner die Punkte, desto mehr Punkte können es sein (mehr Information). Das Bild wird schärfer.

Das Gleiche gilt für die Lautstärke. Dies sind zwei wirklich wichtige Geheimnisse, die Ihnen viel Ärger ersparen und noch viel mehr Information zugänglich machen werden.
Wieder ein Beispiel: Falls Sie Schwierigkeiten haben, einen Ton zu treffen, dann spielen Sie die Töne leise an oder lassen sie anspielen und werden dann noch leiser, und mit dem Nachsingen halten Sie es ebenso: Je leiser, desto mehr Information, das heißt: desto feiner kann sich jemand auf den Ton einschwingen, desto mehr kann er kleine Veränderungen und Anpassungen an die Schwingung vornehmen.
Wenn Sie laut vorgeben und laut drauflossingen, dann stimmt's entweder oder es stimmt nicht. Und beim »Falschsinger« (welch herrliches Stigma!) stimmt **das automatisierte Programm** eben (noch) nicht! Das falsche Programm läuft einfach ab, ohne dass man etwas tun könnte ... halt! Natürlich, können Sie etwas tun: verlangsamen, leiser, weniger Kraft ... das ist wirkliches Leben (in Kontakt), wirkliche Inspiration und Musikalität ... (siehe auch Kapitel 7, Seite 131ff.).

Weiser ist leiser!

Benutzen Sie alle Sinne ...

... um Erfahrungen wirksam in Ihre Wirklichkeit zu integrieren. Und die besteht ja beispielsweise nicht nur aus Bildern: Wenn Bilder nicht mit Gefühlen verbunden sind und keine Geschichte haben, also stumm sind, dann bleiben sie abstrakt, leblos. Das Wort Liebe – was allein heißt das schon? Aber sobald Sie es feurig sagen, glühend, ruhig und fest ... oder wenn Sie es singen! Dann wird es bedeutungsvoll, wird zu einer greifbaren, sichtbaren – kurz, zu einer sinnlichen Realität.

Wenn Sie also mit bildlichen oder klanglichen Vorstellungen arbeiten, dann atmen Sie sie mehrere Male ein – im Ausatmen Pause (siehe auch Seite 107). Oder finden Sie eine Bewegung zu einem Klang. **So können Sie auch Ketten bilden**, so dass Sie eine Qualität in allen Sinnen empfinden und ausdrücken können: ein Gefühl zu einem Bild. Und können dann aus dem Bild einen Klang werden lassen. Und dazu dann eine Bewegung und so fort.

Verkettung der Sinne

Vermutlich kommt Ihnen das bekannt vor: Sie grübeln schon stundenlang über einem Problem (innerlicher Dialog, Worte, Worte ... in endloser Folge das Für und Wider abwägend, Worte, Worte ...), und immer noch keine Lösung ... Sie werden müde (Körpergefühl), und Ihr Körper bewegt Sie (endlich!) dazu, aufzustehen und einen Spaziergang zu machen (Bewegung). Sie schnuppern die würzige Luft (Geruch), sehen zufällig einen Vogel vorbeihüpfen (visuell), bemerken das Rascheln der Blätter, das er verursacht (hören) – und plötzlich fällt Ihnen eine Lösung ein!

Synästhesien üben!

Bei Synästhesien handelt es sich um Verbindungen verschiedener Sinnessysteme miteinander:
Welche Verbindungen fallen Ihnen leicht (Sie haben sie schon gelernt) und welche schwer?

Vorher – nachher

1. Achten Sie darauf, dass Sie zu Beginn einer Übung den Anfangszustand bestimmen (mit allen Sinnen!) ... um anschließend einen Vergleich zu haben und so die Wirkung einer Übung oder Veränderung einordnen zu können.

2. Je öfter Sie das tun, desto reicher werden auch Ihre Beobachtungen sein, desto fließender Ihre Fähigkeit, Sinneskanäle zu wechseln – also Ihre Aufmerksamkeit zu gebrauchen. In diesem Maße wächst auch Ihre Fähigkeit, Ihren Klang – das heißt sich selbst – zu verändern. **Fliegender Wechsel**

3. Die Frage »Wie ist es jetzt?«, reicht (als »Koan« behandelt, siehe auch Seite 100) aus, um alles zu erschließen. Dieses ist die Grundfrage. Alle anderen leiten sich aus ihr ab und sind spezifischer: Wie bewegt sich die Zunge? Was genau ist das erwünschte Ziel und so weiter.

Wirklich – vorgestellt

Sobald ein Ablauf oder die Qualität einer Übung klar ist, dann können Sie sie noch verstärken oder sicherer zugänglich machen, indem Sie die Sache im Kopf durchspielen, das heißt sich vorstellen. **Das Bild der Wirklichkeit verändern ...**
Wenn Sie beispielsweise zehnmal den Kopf nach links wenden und mit jedem Male eine leichtere Bewegung machen, dann den Kopf nach links *und* nach rechts drehen, werden Sie einen deutlichen Unterschied zwischen der Bewegung zur einen und zur anderen Seite bemerken. In einem weiteren Schritt bewegen Sie sich jedoch nicht mehr, sondern *stellen sich nur vor,* Sie

bewegten ihn nach rechts. Gestalten Sie sich die Vorstellung so, dass Sie Spaß daran haben. Stellen Sie sich beispielsweise die Bahn des Kopfes viel größer vor, als sie wirklich ist oder aber viel kleiner ... Tun Sie so, als könnten Sie den Kopf sogar ganz herumdrehen ... Schauen Sie anschließend dann noch einmal wirklich nach links und nach rechts, und stellen Sie fest, was Sie für die rechte Seite gelernt haben – mit wie viel weniger Aufwand und Zeit!

... und verändert die Wirklichkeit Und für die **Stimme** gilt natürlich das Gleiche: Sagen Sie etwas. Wie hört sich das an? Sagen Sie sich jetzt das Ganze noch einmal innerlich. **Stellen Sie sich vor, wie es klingt und klingen könnte.** Lassen Sie die Stimme innerlich in verschiedenen Geschwindigkeiten ablaufen. Lassen Sie in Ihrer Vorstellung den ganzen Körper schwingen.
Und jetzt sprechen Sie noch einmal – was hat sich verändert?

Sinnlich-konkret

»Ich stelle mir vor, ich singe ganz, ganz besonders schön«, ist keine sinnlich-konkrete Vorstellung. Das Luftschloss muss greifbar, begehbar werden – dann erst ist es ein richtiges Schloss!
Siehe dazu auch Seite 46 **Fragen Sie:** Was genau empfinde ich als ganz, ganz usw. schön? Gehen Sie dabei **alle Sinne** durch, und fragen Sie, um zu den **konkreten Wahrnehmungen** zu kommen, die solchen unspezifischen Aussagen wie schön, toll, hässlich, großartig, frei und so weiter zugrunde liegen. Auf dieser Ebene bewegen Sie *wirklich* etwas, auf der rein verbalen reden Sie nur darüber. Lassen Sie all das jedoch nicht in Stress ausarten. Entscheidend für den Grad an Konkretheit und Ausführlichkeit ist ja, ob sich

für Sie wahrnehmbar etwas in der gewünschten Richtung, also auf Ihr Ziel hin verändert. Oftmals reichen dafür sogar ganz läppische und grobe Vorstellungen aus.

Qualitäten

Qualitäten sind das Bindeglied von abstrakten Konzepten wie »schön« oder »gerecht« zu dem, was sie beinhalten. Zwar wollen alle »das Gute«, aber was bedeutet das zum Beispiel für einen Diktator – und was *für Sie*?
Diese Frage führt uns also wieder zu konkreten Handlungen, zu sinnesspezifisch beschreibbarem Wahrnehmen und Verhalten. Es führt uns zu der Ebene, wo wir tatsächlich handeln, entscheiden und etwas verändern können.

Hier eine (unvollständige) Qualitätencheckliste:

dick	–	dünn
blass	–	kräftig
dumpf	–	strahlend
eckig, spitz	–	rund
weich	–	hart
vorne	–	hinten
innen	–	außen
hell	–	dunkel
schimmernd	–	mattgepresst
gedrückt, gehalten	–	frei schwingend
leicht	–	schwer
fließend	–	stotternd
gleitend	–	in Abstufungen

A: Die Suppe war sehr lecker!

B: War sie nicht! Sie war salzig!

A: Eben. Ich mag salzige Suppen!

Diese Liste ist praktisch, denn jedes Ziel lässt sich als Kombi-
nation von Qualitäten exakt beschreiben; oder modifizieren –
wenn Sie bisher immer nur *eine* Qualität (Es muss *dröhnen*
im Kopp!) im Visier hatten. Es gibt noch so viel mehr zu
entdecken!

Qualitätsbewusst!
- Immer mehr Qualitäten zu kennen, befreit aus den engen
  Schwarzweiß-Mustern und Weltanschauungen, die einem
  keine Wahl lassen. (Wenn du nicht mein Freund bist, bist
  du mein Feind!)
- Die Liste kann Ihnen bei der Standortbestimmung helfen:
  Wie ist der Klang jetzt?
- Sie umreißt die Zielbestimmung: Wie soll der Klang sein?

Sie wissen somit genau, woran Sie arbeiten wollen und können
nun leicht einen geeigneten Weg finden, um exakt die Veränderung zu erreichen, die Sie wollen.

Lernschleife

**Ziel – Tun –
Wahrnehmen**
Wenn Sie beim Wahrnehmen bemerken, dass Sie Ihr Ziel
erreicht haben – gut. Wenn nicht: Gehen Sie wieder zum Tun,
probieren Sie etwas anderes ... oder aber das Ziel selber ändert
sich ...
Das Ziel sollte sinnlich-konkret sein, in Qualitäten ausgedrückt.
Das Tun langsam genug, leicht genug, mit Pausen, um **wahr-
nehmen** zu können (Aufmerksamkeit): Nähern Sie sich Ihrem
Ziel?

»Fehler« absichtlich tun

Was muss ich tun, um den »Fehler« zu produzieren – welche Haltung, Atmung, inneren Bilder spielen dabei eine Rolle, wie ist die Art meines inneren Dialogs dabei?
Wenn Sie eines oder mehrere dieser Dinge verändern, verändern Sie auch den »Fehler«: Er wird schwächer oder verschwindet ganz.

Anatomie des Falschen

Sie könnten auch versuchen, den »Fehler« zu verstärken – und dann wieder abzuschwächen. Machen Sie daraus so etwas wie eine Bewegung: Mal wird sie stärker, dann schwächer. Auf diese Art lernen Sie auch verstehen, was Sie da eigentlich tun, wie Sie es anstellen, etwas zu tun, das Sie eigentlich gar nicht beabsichtigen. Und dann ist es sehr leicht, es nicht zu tun.

Ein Ton reicht!

In vielen der Übungen arbeiten wir mit *einem* Ton, also nicht mit ganzen Arien oder Vorträgen. Warum?
Um uns überhaupt die Chance zu geben, **den Klang wahrzunehmen** – und damit auch die Art, wie wir ihn erzeugen. Melodiebewegungen, Text usw. lenken allzu leicht vom **zentralen Vorgang** der Stimmerzeugung ab. Es verändern sich viel zu viele Dinge gleichzeitig, um wirklich tief unter die Oberfläche schauen zu können.
Im Grunde ist dies ein ganz einfacher Trick, uns mehr Information zugänglich zu machen. Egal auf welchem Gebiet –

Ein einfacher Kniff

wenn es darum geht, etwas Verwirrtes zu entwirren oder eine neue Situation zu überschauen, sagen Sie sich zuerst: Okay, jetzt noch mal ganz langsam, eins nach dem anderen ...

Nachsatz zu diesem Kapitel:
Viele der genannten Faktoren kommen auch bei tiefgreifenden Lebensveränderungen (im Positiven wie im Negativen) ins Spiel, bei Schicksalsschlägen, bei so genannten Unfällen, bei allgemein widrigen Umständen im Großen als auch in unzähligen kleinen Alltagssituationen.

Die Lust am Entgleisen

Wir können nicht immer das tun, was wir wollen – oder es nicht so tun, wie wir wollen ... bzw. es zu tun gewohnt sind. Wir werden manchmal aus dem Gleis geworfen: Doch dies ist die wichtigste Voraussetzung, um etwas Neues erfahren zu können, also höchste Zeit, um bisherige Einstellungen zu überprüfen und zu verändern.

Ein schönes Beispiel für einen solchen »Unfall« ist auch, wenn Sie **sich verlieben ...**

Kapitel 7

Sie können nicht singen?
– Dann tun Sie's!

Mut zur Veränderung

Lernstadien

W enn Sie mit den in diesem Buch geschilderten Übungen arbeiten, kann es passieren, dass Sie etwas **nicht können**. Und dies ist **ganz sinnvoll**, denn es bedeutet, dass Sie sich mit etwas Neuem befassen, mit einer Frage, auf die Sie noch keine Antwort haben. Ansonsten würden Sie ja nur das wiederkäuen, was Sie schon können – also gar nichts Neues lernen.
Doch sobald Sie ein Gefühl beschleicht, etwas scheinbar ganz Einfaches nicht zu kennen bzw. können, wenn Ihrer Stimme plötzlich fremde Klänge entspringen ... dann wissen Sie, dass Sie sich bereits im zweiten Lernstadium befinden! Sie begreifen, dass Sie nicht wissen, wie etwas funktioniert.
Manchmal ist es sehr schwer, dieses Stadium zu erreichen – weil falscher Stolz, ein innerer Zwang (zum Beispiel der Satz: »Ich muss alles schon können« oder: »Ich bin Gesangslehrer, ich muss schon alles über Stimme wissen« usw.) verhindern

In diesem Kapitel geht's um:
Typische Stimmprobleme, um Veränderung und Fortschritt und um das Vergnügen, das Herz auf dem rechten Fleck zu haben

will, dass wir **zugeben, etwas nicht zu können** oder **nicht gut zu können** oder **gar nicht zu können**. Solange dieser Zwang aktiv ist, befinden wir uns im ersten Lernstadium. Nennen wir es **»unbewusste Inkompetenz«.**
Hier besteht keine Möglichkeit, etwas aktiv für sich zu tun, einfach deshalb, weil wir denken, wir seien »normal«, wir hätten es »nicht nötig« oder »mehr als das, was ist, ist nicht möglich«.

Lernstadien von:

1. unbewusster Inkompetenz zu

2. bewusster Inkompetenz zu

3. bewusster Kompetenz zu

4. unbewusster Kompetenz zu

5. unbewusst-bewusster Kompetenz

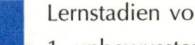

Sagen Sie Ihrem Schatten »Guten Tag!«

Das zweite Stadium könnten wir dann **»bewusste Inkompetenz«** nennen: Wir sehen ein, dass wir nicht alles wissen und können, was wir zu wissen und zu können glauben. Unter der Oberfläche steckt mehr ... Eine Krankheit, ein Unfall, ein Problem sorgt oft dafür, dass wir aus dem ersten ins zweite Stadium fortschreiten. Oder aber ein Ziel, das außerhalb unserer momentanen Reichweite liegt (im Gegensatz zu einer Tüte Chips, die ich einfach irgendwo kaufen und dann essen kann). In dieser Phase werden wir langsam dazu gebracht zu verstehen, dass da eine Grenze ist, und mit ein bisschen Glück akzeptieren wir den Humor der Lage und nehmen die Herausforderung an. Wir suchen nach Wegen. In solch einer Situation fiel Ihnen beispielsweise dieses Buch in die Hand, und Sie waren auch bereit, es aufzuschlagen und beginnen nun vielleicht vorsichtig, sich darin zu vertiefen ...

Indem Sie sich mit Ihren Problemen oder Zielen beschäftigen, bekommen Sie mehr und mehr Informationen, und früher oder später finden Sie die Tür, gleich neben der Stelle, an der Sie jahrelang mit dem Kopf gegen die Wand gerannt sind (und sich dabei »ganz normal« vorkamen). Es ist der Moment, in dem das Kind das erste Mal das Gleichgewicht auf dem Fahrrad findet. Es braucht alle Aufmerksamkeit, um das zu tun – und freut sich wie ein ...? Es freut sich jedenfalls sehr stark!

Mit dem Kopf durch die Tür!

Dieses Stadium heißt **»bewusste Kompetenz«.** Ich habe es geschafft! Ich kann's! Aber: Es zerrinnt mir auch gleich wieder unter den Fingern, wenn ich nicht aufpasse. Jetzt kann ich es zwar – aber es ist noch nicht automatisch verfügbar.

Jetzt nicht verzagen!

All das ist nur eine Frage der Zeit. Danach bin ich im vierten Stadium angelangt – der **»unbewussten Kompetenz«.** Ich fühle gar nichts Besonderes dabei, die neue Fähigkeit auszuüben. Sie ist schon zur Gewohnheit geworden, und mir ist es beinahe unverständlich, wenn irgendjemand das nicht tun kann ...! Ich erinnere mich nicht mehr, wie es war, das einmal nicht gekonnt zu haben ... (Erinnern Sie sich daran, wie es war, als Sie noch nicht lesen konnten?)

Geschafft!

Sollten Sie nun eventuell damit beginnen, diese neue alte Fähigkeit einem anderen beizubringen, dann beginnt wieder ein neues Stadium: vielleicht so etwas wie eine **»unbewusste-bewusste Kompetenz«.** Sie können die neue Tätigkeit nicht nur tun, sondern Sie wissen auch, **wie** Sie es tun. Damit wissen Sie (oder können erkennen), **was jemand anderes noch braucht** oder wie er es anstellen muss, um diese Fähigkeit ebenfalls ausüben zu können.

Und ... nochmal von vorn anfangen!

Ein Klangoptimum

Das funktionale Modell

Der Leser sei gewarnt: Er/sie hat es hier nicht mit *der* Wahrheit zu tun, die irgendwo in den Weiten der Unendlichkeit in Fels gemeißelt und von einem elfengleichen Geschöpf dem Autor in mondklarer Nacht ins Ohr gesäuselt worden wäre. Ein weiteres Missverstehen des Begriffs Optimum wäre möglich, wenn man es als »das Maximum« auffassen würde: Denken Sie an all die Dinge, die uns vor zweihundert Jahren noch als unmöglich erschienen ... da gab es nicht einmal elektrischen Strom, geschweige denn den Gedanken daran und besonders Toaster gab es damals auch nicht – und den Gedanken daran auch nicht! Dasselbe gilt für unsere individuelle Entwicklung.

Welches Optimum also?

Es scheint angebracht, den Begriff Optimum als **offene Frage** zu formulieren: Denn so werden wir seinem Prozesscharakter gerecht und ermöglichen es, uns überraschen zu lassen.

Vereinigung von Gegensätzen

- Ist es also möglich, einen Klang zu machen, sei's mit Instrument, sei's mit Stimme, der meinen Körper aus gewohnheitsmäßigen Verspannungen befreit, durchlässig ist für alle Emotionen und diese auch mühelos tragen kann?
- Gibt es einen Klang, der archaische Kraft und verbales Bewusstsein nicht gegenseitig ausschließt, sondern verschmilzt?
- Kann solch ein Klang die Tonhöhen-, Vokal- und Lautstärkenbewegungen ohne Einschränkung des darüberliegenden Frequenzbereiches ermöglichen (so dass der höhere Frequenzbereich nicht an bestimmte Lautstärken oder Vokale gebunden ist, im Sinne von: Erst wenn ich ganz laut bin, scheppert's ...)?

● Gibt es einen Klang, dessen Obertonspektrum der Sehnsucht des Ohres nach hohen Frequenzen – und damit der Struktur unseres Nervensystems – gerecht wird?

Woher weiß ich, wann ich mich dem Optimum nähere?

❶ **Wie fühlt sich das an?**
(Körper)

Optimal bezogen auf den Körper wäre: Allgemeine und für die Klangerzeugung spezifische **Spannungsmuster** werden nicht nur nicht verstärkt, sondern **lösen sich auf**. So muss ich mich nicht erst entspannen, um dann besser den Klang machen zu können (also wieder verspannen), sondern **indem ich klinge, kommt der Körper immer mehr in Richtung Eutonus:** Mühe-loses Aufrichten und freie Beweglichkeit in jede Richtung zu jeder Zeit (und auch während des Singens etc.).

Das Gefühl, als hörtest du dir nur zu, stau-nend, und er-zeugtest dadurch den Klang

❷ **Worauf muss ich achten? Was soll ich tun?**
(Regelkreislauf)

So, wie Sie ein Auto in der Spur halten, indem Sie Ihre **Bewegungen** (lenken, Gas geben, bremsen ...) von Ihren **Wahr-nehmungen leiten** lassen (Ampel springt auf »Rot«, aussche-rendes Fahrzeug, Umleitungsschild etc.), so regelt auch das Ohr die Muskelspannung und Bewegungsqualität des Körpers entsprechend seiner Fähigkeit, Klänge zu differenzieren. (Siehe auch Kapitel 4)

Regelkreislauf: Vom Wahrneh-men geleitetes Tun

Anders ausgedrückt: Beginnen Sie, sich mehr mit der Frage: »**Was** kann ich **wahrnehmen**?« zu beschäftigen als mit: »**Wie** soll ich es **tun**?« (Die Antworten auf diese zweite Frage kommen dann von allein.)

Lass dein Ohr singen, nicht deinen Geschmack, deine Ästhetik

Günstig ist also ein hörendes (oder sogar horchendes) Sprechen und Singen. Optimal eines, das sich an Vibrato und Singformanten hörend orientiert. (Siehe auch Seiten 78ff. und 82f.)

❸ **Wie hört sich das an? (Klang)**

Grillen, Bienen, Glöckchen, Silberstreif am Horizont ... Klang hebt die Trennung von »Körper-Raum«, von »innen-außen« auf

Klanglich wäre das Optimum erkennbar 1. an einem natürlichen Vibrato (siehe auch Seite 79) und 2. an einem »Zuwachs von Obertönen« bzw. deren Verstärkung. Im Besonderen trifft das für **die Herausbildung der Singformanten** zu, jener Obertonfamilien, die im Ohr selbst auf Resonanzräume treffen. Denn hohe Frequenzen stimulieren die Energieversorgung im Gehirn – und damit die Bewusstseinslage (schlafend, wach, hellwach). Je mehr Energie Ihr Gehirn zur Verfügung hat, desto mehr einzelne Teile kann es vernetzen, sich also besser organisieren. Das heißt, der Klang stellt den Körper optimal ein.

Die Übungen dieses Buches folgen eben dieser Spur und liefern Werkzeuge, auch diese Vorstellung eines Optimums zu verwirklichen.

Hilfe! Ich verändere mich!

Ja, was ist denn das?

Wir bewerten Veränderung meist nach unseren bisherigen Maßstäben. Das könnte eine Ästhetik sein, eine genaue Vorstellung von Gut und Böse bzw. von Schön und Hässlich.
Wenn Sie nun Ihre Stimme beispielsweise durch die Anreize im Buch verändern und plötzlich (zumindest für Sie selbst) etwas ganz Neues hörbar wird in Ihrem Klang, dann springen

Sie vielleicht jubelnd in die Luft! Oder aber Sie sind ein wenig erstaunt. Als Frau vielleicht über ein Brummen, als Mann über eine gewisse Weichheit in der Stimme. Als Nonne erschreckt über die Sinnlichkeit und als Hure über einen glockenreinen Engelsklang und so weiter ...

Solche Maßstäbe verändern sich, zum Glück, denn sonst würden wir uns gar nicht verändern (können)! Denken Sie nur einmal daran, was Sie vor zehn, zwanzig oder dreißig Jahren über »Liebe« dachten ... Was Sie als Teenager für das Wichtigste im Leben hielten. Maßstäbe zu entwickeln ist wichtig (wofür?). Noch wichtiger ist, sich daran zu erinnern, dass *Sie* es sind, der diese Maßstäbe erfindet oder anerkennt, wenn auch nur dadurch, dass Sie ihnen folgen. Dann nämlich können Sie die Maßstäbe selbst für Ihr Wachstum verwenden.

Alles in Bewegung ...

Seien Sie also froh, wenn Sie »aus dem Konzept kommen« – was könnte Ihnen besseres passieren? Denn dies ist (wie bereits auf Seite 116 und 117ff. erwähnt) eine notwendige Phase, die der Veränderung vorausgeht. (Sie könnten das Radfahren nie erlernen, wenn Sie die Phase des Schlingerns und Fallens auslassen wollten!)

Vom Guten des Schlechten

Wenn Sie mögen, schlagen Sie vielleicht auch noch mal im Kapitel 2, Seite 45 nach, wo es darum geht, sich selbst einen motivierenden, lebendigen Maßstab – eben eine Vision – zu erschaffen.

Fortschritt, Fahrrad fahren und Glück

Welch mühsamer Weg, nicht vom Fahrrad zu fallen, wenn man Fahrrad fahren lernt. Und dann konnten Sie geradeaus fahren! Aber zunächst nur ein kurzes Stück! Und welche Arbeit und welch ein Triumph, als Sie das Wunder vollbrachten, eine Kurve zu meistern!

In dem Maße, in dem Ihre Fähigkeiten zunehmen, wächst auch Ihr Maßstab. Inzwischen jauchzen Sie nicht mehr vor Freude, weil Sie nicht vom Fahrrad fallen, sondern das Radfahren bringt Sie einfach nur woanders hin ...

Die Fähigkeiten werden immer komplexer, der Blick weiter – aber sind Sie deswegen glücklicher?

Musik ist da, sobald wir zu hören beginnen

Wenn das große Ziel das große Glück verspricht, meinetwegen. Aber verschlafen Sie nicht deshalb all die glücklichen **Momente**, wann immer Sie etwas Neues sehen. Nutzen Sie die sich bietenden Gelegenheiten von »Ah, das habe ich noch nie gehört« oder: »Wäre es auch möglich, das Ganze *so* anzugehen?«

Vielleicht ist **Glück** gar nicht quantifizierbar, und das kleine ist so groß wie das große – egal, ob Sie gerade zum ersten Mal einen Nagel in die Wand bekommen haben oder den Nobelpreis verliehen.

Lernen findet immer in diesem einen Augenblick statt ...

Steve – oder:
Weil wir alle in einer eigenen Welt leben

Während einer Demonstration funktionaler Stimmarbeit erfüllte Steves Stimme plötzlich den Raum mit erschütternder Schönheit. Befragt, wie das für ihn gewesen sei, meinte er strahlend: »Komisch, plötzlich fing es in meinem rechten Knie an zu zittern! Und das ist wirklich witzig, weil ich das vor Jahren schon mal hatte, da hatte ich Probleme mit dem Knie beim Tennisspielen ... wirklich seltsam ...!«

Am meisten aber beeindruckte mich die Reaktion des Lehrers darauf, denn ich an seiner Stelle hätte Steve damals unterbrochen und gerufen: Das war toll, Mann! Du hast gesungen wie ..., wie ... das war fantastisch usw. Dieser Mann aber lächelte nur und sagte: Okay. Er akzeptierte die Wahrnehmung und damit die Welt des anderen ganz und gar. Und für Steve war eben nicht der Klang das Ereignis – er hatte wahrscheinlich davon gar nichts bemerkt –, sondern sein Knie. Okay.

Der eigenen Wahrnehmung trauen lernen

Liebe, Herz und Dankbarkeit

Seien Sie herzlich mit sich. Bewusstheit ist ein wunderbarer Zustand. Wenn Sie ihn noch nicht kennen gelernt haben, so wird Ihre wachsende Bewusstheit Ihnen auch das noch zeigen: Liebe, Herzlichkeit sind unabhängig von Wissen, Technik, Ruhm. Manchmal wollen wir mittels Übung erreichen, uns selbst anzunehmen. Dafür gibt es aber nur eines, das Sie tun können: Nehmen Sie sich selbst an.

Innere Einstellung Sie machen Fortschritte, sind aber dennoch nicht zufrieden: Entwickeln Sie eine Haltung der Dankbarkeit. Seien Sie dankbar für das, was immer Ihnen auch begegnet: Es ist stets eine wichtige Information, die Sie weiterbringt. Ich selbst beispielsweise habe viel durch Krankheiten und generell »widerstrebende Umstände« gelernt.

Alle Techniken der Erweiterung oder Befreiung entspringen der Auseinandersetzung mit »Problemen« oder »Symptomen«. Jedes Lernen hat damit zu tun: Sonst blieben alle Föten Föten, weil das so wunderbar ist ...

Singen Sie aus Dankbarkeit ... (für was auch immer).

Kein Flug ohne Starterlaubnis Singen Sie nicht mit einem kritischen Ohr. Seien Sie sich bewusst, dass Sie es Wert sind, Ihren Mund aufzumachen. Singen Sie nicht, um nachher sagen zu können: Ah, es war nicht schlecht, also durfte ich das ... Geben Sie sich die volle Erlaubnis schon *vorher!*

Wenn Sie die Übungen mit der Einstellung machen: Ich kann das sowieso nicht, dann werden Sie sich garantiert genau dies beweisen. Das aber ist Missbrauch dieses Buches! Ich habe es geschrieben, damit Sie nützliche und schöne Erfahrungen damit machen können!

Das allerletzte Mal

Singen Sie einmal, um sich bei jemand, von dem Sie wissen (oder so tun, als ob!), dass Sie ihn oder sie nie wieder sehen werden, um sich für alles zu bedanken.

(Trauer und Ergriffenheit sind sehr schöne, konzentrierte Zustände ohne Tamtam, ohne Zweifel ...)

Selbstakzeptanz

Nehmen Sie das Gefühl, welches Sie für ein Tier empfinden, das Sie gerne haben, für sich selbst. Tieren gegenüber fällt es uns oft viel leichter, einfach freudig und annehmend zu sein. Seien Sie so mit sich selbst, wenn Sie singen oder sprechen oder eine der Übungen machen.

Typische Stimmprobleme

Hier finden Sie einige typische Gründe dafür aufgelistet, warum jemand sich überhaupt mit seiner Stimme beschäftigt. Egal aus welchem Grund: Ob ein »Problem« den »normalen Betrieb« stört oder ob es ein Wunsch ist, der mich antreibt: Es geht darum, Neuland zu erforschen, sich einzuschalten in ein bisher unbewusst ablaufendes Muster und dort einige kleine, aber feine Veränderungen vorzunehmen ...

Heiserkeit
Nebengeräusche
Ich kann nicht singen!
Den (richtigen) Ton treffen!
Die Wirkung meiner Stimme

Im Folgenden wird eine kleine Auswahl geboten und dazu jeweils

- Hinweise auf Übungen und Kapitel im Buch, die Sie unter diesem speziellen Blickwinkel noch einmal angehen können. Darüber hinaus finden Sie aber auch noch:
- Ergänzende Übungen. Auch diese sind wieder zusammengestellt nach den in Kapitel 6 beschriebenen Lernprinzipien.

Das Interessanteste an diesen Beispielen ist vielleicht wieder einmal die Art und Weise, wie mit einem Problem oder Ziel umgegangen wird: neugierig forschend, verschiedene Blickwinkel ausprobierend – die Betonung liegt auf dem Versuch der eigenen Wahrnehmung und Zielvorstellung, auf der Suche nach dem nächsten und kleinsten machbaren Schritt in die gewünschte Richtung.

Heiserkeit

In bestimmten Situationen:
Siehe Kapitel 2, Seite 48.

Allgemein:

Das können Sie tun

1. Kapitel, Seite 18ff.: Einige Positionen werden das Heisere stärker ansprechen, in anderen wird davon beinahe nichts zu spüren sein. Bleiben Sie dort für einige Zeit, und probieren Sie Ihre Stimme aus ...

Viele der in Kapitel 6 angesprochenen Lernprinzipien kommen fast automatisch zur Anwendung, wenn man heiser ist – nutzen Sie die Gelegenheit! Probieren Sie sie aus!

Besonders zu empfehlen ist auch der Teil der Spiegelübung (Kapitel 5, Seite 95f.), in dem Sie langsam Stimme ins Hauchen geben.

Nebengeräusche

»Berauschend die Geräusche, die Sie von sich geben!«

Das Interessanteste an diesen Phänomenen ist zunächst das, was im Allgemeinen damit verbunden wird: Nebengeräusche sind, der Name sagt's, daneben – und das darf nicht sein. Deshalb versucht man, sie zu unterdrücken. Schade!
Nebengeräusche finden sich in hohen Frequenzbereichen. Sie machen also aufmerksam auf hohe Frequenzen. Sie sind Träger hoher Energie, die man sich unbedingt nutzbar machen sollte!

Bei dieser Möglichkeit wird das störende Geräusch also nicht nur in den Klang integriert, sondern es erweitert ihn sogar! Es spricht auch nichts dagegen, dass dies innerhalb weniger Minuten möglich ist. So könnte es gehen:

Nebengeräusche und hohe Frequenzen

Stellen Sie sich vor eine Wand, am besten vor eine Glasscheibe, ein Fenster oder ein Bild oder einen Spiegel, wie in Kapitel 4, Seite 92 beschrieben.

- Singen Sie mit geöffneten Lippen. Achten Sie auf die bösen Buben.
- Sind Sie bei verschiedenen Lautstärken gleichermaßen da?
- Bei welchen Vokalen am deutlichsten?

■ **Pause** ■

Wählen Sie jetzt eine Tonhöhe und einen Vokal, von dem Sie das Gefühl haben, er enthält am meisten Energie. Beginnen Sie jeweils leise und werden Sie im Verlaufe eines Klangs lauter.

Hohe Frequenz-energie

Tun Sie dies fünf- bis zehnmal, bis Sie eine Lautstärke gefunden haben, in der die Nebengeräusche gut hörbar sind. Bleiben Sie dann dabei, und verändern Sie Ihren Abstand zur Wand: Bei bestimmten Entfernungen werden die Nebengeräusche von selbst lauter.

■ **Pause** ■

Beobachten Sie, dass der Klang jetzt insgesamt **voluminöser** geworden ist – und das bei gleichem, wenn nicht **geringerem Aufwand** als zuvor.

So weit für den Moment. Wenn Sie mir bis hierher gefolgt sind, dann können Sie die folgenden Übungen auf ganz ähnliche Weise hinsichtlich der Nebengeräusche und der Nutzung der in ihnen enthaltenen hohen Energie angehen:

- Die Klorolle: Kapitel 4, Seite 88f.
- Malen eines Klangbereichs, zum Beispiel wie in Kapitel 3, Seite 64 bzw. Schaffung eines inneren Bildes und Veränderung dieses Bildes: Wie verändert das den Klang? (Kapitel 2, Seite 53)
- Kapitel 3, Seite 61 und: Mit von außen verschlossenen Ohren: Welche Resonanzräume werden angesprochen (siehe Seite 31)?

Ich kann nicht singen!

Was genau meinen Sie?

Ein schweres Leiden. Die erste Frage ist die wichtigste: Was verstehen Sie unter »Singen«? Machen Sie sich Ihren Rahmen, Ihren Maßstab klar, innerhalb dessen Sie etwas erreichen wollen. Ein tibetischer Mönch versteht unter Singen möglicherweise etwas ganz anderes als ein Star der Musikindustrie oder ein Mensch, der im Sterben liegt oder einer, der Schlager liebt, oder als Sie oder ich.

> **»Wer immer die höchste Macht hat, etwas zu definieren, hat die höchste Macht.«** Wenn Sie dem Papa, dem Publikum, dem Papst oder dem Zeit- oder Modegeist die Erlaubnis erteilen, für Sie zu definieren, was schlecht ist (z.B. Kondome oder Nebengeräusche oder eine dunkle Stimme usw.), dann wirkt das tief in Ihre Möglichkeiten, in Ihr alltägliches (Er-)Leben hinein.
> **Wenn Sie irgendjemand die Macht geben, an Ihrer Stelle zu definieren, was »Schön« ist, dann *gute* Nacht!**

Wenn Sie sich klar darüber werden, was Sie unter »Singen« verstehen und was das für Sie bedeutet – dann können Sie schauen: Was fehlt mir dazu noch? Kann ich es manchmal, aber nur, wenn ich alleine bin ... nur, wenn ich betrunken bin ... nur, wenn ich »beim Radio mitsinge« ... konnten Sie es, als Sie ein Kind waren?

Ziehen Sie noch einmal den Abschnitt »Klangvision« (Kapitel 2, Seite 45) und die Lernschleife in Kapitel 6, Seite 114 zu Rate.
Nun können Sie sich für geeignete Wege entscheiden, um etwas für Ihr Ziel zu tun.

Konkrete Ziele schaffen gehbare Wege

Den (richtigen) Ton treffen!

Auch in dieser Abteilung gibt es ein herrliches Stigma, das man entweder sich selbst oder anderen anhängen kann: »Der Falschsinger«.
Töne zu treffen ist aber eine Tätigkeit – wie etwa Fahrrad fahren oder Brustschwimmen. Jeder, der es kann, hat *gelernt*, es zu tun. Wer es noch nicht gelernt hat, kann es noch nicht. Um es zu können, muss er lernen, das zu tun, was alle tun, um es zu tun.

Ein paar Vorüberlegungen:
Richtig oder falsch, stimmig oder unpassend usw. beinhaltet immer einen Vergleich: Etwas passt zu etwas anderem, zwei Menschen harmonieren miteinander.
Richtig und falsch verweist uns bereits auf einen Bezugsrahmen: bezüglich eines anderen Klangs (zeitgleich) oder eines vorhergegangenen (wie bei einer Melodie).

Zwei Arten von Bezugsrahmen

Wir müssen also unseren Klang angleichen oder vergleichen:

1. an einen anderen zeitgleichen Klang (andere Stimmen oder Instrumente);
2. mit einem erinnerten Klang (er soll zu den vorherigen Tönen passen, Melodieverlauf).

Im Folgenden ist nur vom Nachsingen eines Instrumententons die Rede. Dennoch bietet er für die beiden genannten Punkte einen Lösungsansatz. Darüber hinaus ist natürlich auch ein Besuch in Kapitel 6 zu empfehlen. Außerdem eignen sich jene Übungen, in denen es um **Klangwahrnehmung** geht (und das sind eigentlich alle!).

Das **Klavier** oder ein anderes Instrument gibt den Ton vor, und ich soll ihn nachsingen: Das klappt aber nicht. **Mögliches Problem:** Das Instrument klingt ganz anders als eine (meine) Stimme. Fange ich an zu singen, klingt das überhaupt nicht wie das, was ich zuvor gehört habe – schon deshalb, weil sich der Instrumentenklang von meinem Stimmklang total unterscheidet.

Zwei Lösungsvorschläge:
1. von außen nach innen nach außen
2. außen-außen

Zu 1:

Hören Sie sich den Ton erst einmal nur an, während er verklingt. Und lassen Sie ihn dann in Ihrer Vorstellung weiterhin hören. Erinnern Sie sich daran, wie der Ton dieses Instrumentes klingt.

Anmerkung: Wenn das schwierig ist, ist es am besten, zunächst einmal zu trainieren, überhaupt **Klänge innerlich zugänglich** zu machen: Erinnern Sie sich an das Geräusch einer Fahrradklingel, eines bellenden Hundes, an die Stimme der Mama, an das Summen eines Kühlschranks, an ein Lied usw.
Bilden Sie anschließend diese inneren Klänge nach. Hören Sie sich innerlich wütend reden. Beginnen Sie damit, innerlich noch lauter zu werden. Und beginnen Sie dann, auch nach außen hin hörbar zu reden, und achten Sie auf die Wut im Klang ... Das alles lässt sich mit verschiedenen Stimmungen (!) probieren, mit Stimmimitationen, Geräuschen oder Melodiebögen. Erst vorstellen, dann tun.

Nehmen Sie dann nochmals das Instrument hinzu. Spielen Sie es an. Hören Sie es an. Hören Sie innerlich weiter, oder lassen Sie es innerlich erklingen. Stellen Sie sich dann a) einen Chor oder auch sich selbst vor, der mit dem Instrument zusammen summt – oder b) von Anfang an tatsächlich sehr leise dazu summt. Hören Sie zugleich den erinnerten Klang, und summen Sie dazu. Schwingen Sie sich auf ihn ein ...

Inneres Hören lenkt äußeres Hören

Zu 2:
Den Instrumententon anspielen, leise!
Dazu summen: leise!
Summen Sie dann so, dass Sie sicher wissen: Das ist voll daneben, und zwar zu hoch, und anschließend: So ist es zu tief. Pendeln Sie dann langsam, sehr langsam (!) zwischen beiden Extremen hin und her. Irgendwo in der Mitte klingen sie zusammen.
Achten Sie auf die Überlagerungen beider Klänge. Wo kommen sie zusammen? Wo bilden sie einen gemeinsamen Klangraum?

Gezielt daneben

Variation: Woran merken Sie eigentlich, dass der eine Ton zu hoch und der andere zu tief ist? Das ist ein Gefühl? Sagen Sie es sich selbst? Sieht es komisch aus? Über welche Sinne teilt es sich mit? Und wie sieht's aus, wenn es stimmt? Woran merken Sie: Das könnte stimmen?

Zum Thema »Was ist gleich und was verschieden«, rücke vor bis auf Kapitel 4, Seite 68ff. und 72ff. Dort gibt es Übungen zur Differenzierung des Klangs.

Zum Thema »Überlagerung von Klängen« eignen sich Kapitel 3, Seite 61 und Kapitel 4, Seite 92.

Die Wirkung meiner Stimme

Manchmal wundern wir uns über die Wirkung unserer Stimme – oder wir bemerken, dass wir uns überhaupt nicht darüber klar sind! Weil nicht das »rüber kommt«, was gemeint ist, und weil ich nicht weiß, wie ich das ändern könnte ... Dazu lässt sich Folgendes anmerken:

Was brauchen Sie, um sich wohl zu fühlen? Stimme ist nur ein Teil der Kommunikation: Was sagt Ihr Körper? Wie verhält er sich zum Raum? Nehmen Sie sich Ihren Platz? Können Sie die anderen gut sehen? Oder fühlen Sie sich wohler, wenn Sie Blickkontakt auch vermeiden können?

● Schauen Sie sich in den Übungen in Kapitel 2, Seite 48ff. und 51ff. einmal einige Situationen an, in denen Sie die Wirkung Ihrer Stimme falsch eingeschätzt haben ...

● Verändern Sie dann diesen inneren Film entsprechend dem, was Sie gerne erreichen möchten.

- Probieren Sie absichtlich die **Wirkung Ihrer Stimme auf sich selbst aus.** Machen Sie eine Entspannungsübung oder geben Sie sich einen Rat: mal kreischend, mal stammelnd. Mal mit bedeckter Stimme, mal mit ruhiger, mal mit klarer. Mal zu laut, mal zu leise usw. Beobachten Sie, wie all das jeweils auf Sie wirkt, wie es den Inhalt des Gesagten verfremdet oder unterstützt.

Und achten Sie darauf, wie Sie täglich mit sich selbst reden, wenn Sie sich sagen: So, jetzt erst mal dies und dann das anpacken ...

Vielleicht aber spiegelt sich in der Stimme etwas von Ihrer Befindlichkeit, das Ihnen selbst bisher gar **nicht klar** gewesen ist – eine Traurigkeit vielleicht, die sich nicht in Ihrer Wortwahl, aber im Klang niederschlägt; oder eine Unklarheit bzw. Ambivalenz bezüglich einer Sache, zu der Sie Ihre Stimme erheben ... Doch denken Sie daran: Ein Feedback (das eigene oder das von anderen) wie beispielsweise: »Oh, das klingt aber traurig« ist nie »rein«, sondern spiegelt auch eine bestimmte Vorerfahrung und Erwartung des jeweiligen Hörers wider: Wenn jemand eine leise Stimme mit unterdrückter Trauer verbindet, dann ist das vielleicht eine Beschränkung in eben dieser Sichtweise. »Zu laut« oder »zu schrill« und Ähnliches sind relativ. Auch hier kann nur die Kommunikation, der **Austausch** über eben diese subjektiven Auffassungen Klarheit schaffen, so dass man sich der Situation und dem eigenen Ziel entsprechend einstellen und *einstimmen* kann.

Erwartung, Wahrnehmung, Wertung: Eineiige Drillinge?

Zu guter Letzt

Nur das Buch endet hier. Der von vielen Warten aus beschriebene **Prozess von Wahrnehmen und Tun** geht weiter, und an keiner Stelle des Textes sollte der Eindruck von etwas Abgeschlossenem entstehen. Da Sie mit Hilfe der Übungen **Ihre Wirklichkeit** untersuchen, und diese nicht statisch ist, werden Sie immer wieder neue Einblicke gewinnen und Fähigkeiten erwerben können. (Schauen Sie, was passiert, wenn Sie sich »ein und dasselbe« Buch oder einen Film in größerem zeitlichen Abstand mehrfach zu Gemüte führen ...)

Sie kennen den Weg! Dieses Buch ist aus der Überzeugung entstanden, dass Sie selbst Ihre Probleme und Ziele in die Hand nehmen können. Belohnt wird das Lesen durch Ihre *Erfahrungen* damit, dass Sie Veränderung an sich selbst wahrnehmen: nämlich *fühlen, hören und sehen.* Auf diese Weise stärkt sich Ihr Vertrauen in sich selbst – anstatt einer weiteren Idee oder einer weiteren (von Ihnen selbst auserkorenen!) Autorität nachzuhängen.

Ein Buch ist ein Buch, auch wenn es Sie zum Klingen, Bewegen und Schauen anregt – es geht vom Wort aus. Ganz andere Möglichkeiten eröffnen sich durch die interaktive Hör-CD »Das singende Ohr«, die Sie bei mir direkt bestellen können. Dort besteht die Möglichkeit, Klangbereiche eindeutig zu unterscheiden und Ihr Ohr für die faszinierende Welt der hohen Frequenzen und Singformanten öffnen zu lernen. Das Tomatis'sche Gesetz – in der Stimme finden sich die Obertöne, die das Ohr zu hören imstande ist – bewahrheitet sich in der Arbeit mit dieser CD.

So bleibt mir noch zu **danken:**
Meinen **Lehrern** und den vielen, von denen ich lernen musste
oder durfte – **Freunden** und Leuten in Autobussen ...

Für Fragen und Anregungen der Leser dieses Buches bin ich
dankbar – ein so großes Potential sollte nicht ungenutzt bleiben.
Bitte schreiben Sie an:

Olaf Nollmeyer
Sandweg 65
26135 Oldenburg

Unterricht, Seminare und Theater!

Register